양육 해설서

어린이 제자양육 교재

새생명 이야기

TEM Book

차 례

서 문

교사선교회의 선생님들은 학생들에게 복음을 전하여 그리스도의 제자로 세우고자 여러 양육 교재를 발간하여 학급 제자 양육을 하고 있습니다. 이 교재들은 교사선교회의 역사와 함께 오랜 시간 복음을 전하는 도구로 사용되고 있는 위대한 믿음의 유산입니다. 수많은 학생이 교재들을 통해 예수님 안에서 새 생명을 얻었고, 예수님의 제자로 성장하는 풍성한 삶을 누리고 있습니다.

교사선교회는 계속하여 학생들이 쉽게 이해하고 친숙하게 느낄 수 있는 교재를 개발하고 있습니다. 그 중 하나인『새생명 이야기』는 부모가 자녀에게 동화를 들려주듯이 선생님이 아이들에게 하나님 나라와 예수님에 관한 이야기를 들려주며 복음을 제시하고 구원으로 초대하도록 구성된 성경 공부 교재입니다.

『새생명 이야기』의 시작은 한 초등학교 1학년 교실에서 일어났습니다. 선생님이 반 학생들에게 학급 제자 양육에 대해 안내했고, 세 명의 학생이 모집되었습니다. 그 중 한 학생은 교회에 가본 적이 없고 심지어 크리스마스나 예수님에 대해서도 전혀 알지 못했습니다. 그래서 선생님은 아이들에게 성경 이야기를 하나씩 들려주었습니다. 천지창조부터 시작해 하나님이 아담과 하와를 지으신 이야기, 아담과 하와가 선악과를 따먹은 이야기, 노아의 방주와 홍수 이야기 등을 들려주자, 학생들은 반짝이는 눈으로 선생님을 바라보며 이야기에 폭 빠져들었습니다. 아이들은 선생님이 들려주는 이야기를 참 좋아했고, 성경에는 진리가 담긴 이야기가 가득했습니다. 그 일을 계기로 스토리텔링 방식으로 복음을 전하는 교재를 만들게 되었습니다.

예수님이 제자들을 부르시어 그들과 함께 지내면서 수많은 하나님 나라의 이야기를 들려주시고 그 안에 담긴 진리를 가르치신 것처럼,『새생명 이야기』도 이야기 형식으로 아이들에게 진리를 전하고 가르칩니다.

이 책은『새생명 이야기』의 양육 해설서이자 공부 시간을 더 풍요롭고 재미있게 만들어 줄 보조 자료와 그림, 놀이 방법 등을 담은 책입니다. 우리 학생들이 이 책으로 함께 공부하며 하나님 나라로 초대받고 새생명을 얻는 잔치가 열리기를 기대합니다.

교재의 특징

'하나님 나라 이야기' 스토리텔링을 통해 성경의 진리를 전해요.

성경의 절반 이상이 이야기 형태로 기록되어 있습니다. 그리고 사람들은 이야기를 듣고 말하는 것을 좋아합니다. 하나님이 성경을 이야기 형태로 기록하신 것과, 사람을 지으실 때 이야기를 좋아하는 존재로 만드신 것에는 깊은 연관이 있어 보입니다. 하나님은 사람들이 성경 이야기에 귀를 기울이고 그 이야기 속에서 진리를 발견하는 것을 기뻐하실 것입니다.

예수님 또한 사람들에게 하나님 나라의 이야기를 많이 들려주셨습니다. 사람들은 예수님의 이야기를 듣기 위해 예수님 곁으로 가까이 다가왔습니다. 그 이야기들은 사람들의 마음을 사로잡았고 하나님과 하나님의 뜻, 하나님 나라에 대해 깨닫게 해 주었습니다. 그리고 예수님은 3년간 제자들과 함께 길을 거닐고 식사를 하고 일을 하시면서 이야기를 통해 제자들을 양육하셨습니다.

스토리텔링이란 '스토리(story) + 텔링(telling)'의 합성어로서 말 그대로 '이야기하다'라는 의미이며, 다른 사람에게 알리고자 하는 바를 재미있고 생생한 이야기로 설득력 있게 전달하는 행위를 말합니다. 스토리텔링이 하나님과 예수님이 사람들에게 진리를 전달하는 효과적인 수단이라고 확신하기에, 이 교재도 스토리텔링 방식으로 구성하였습니다.

창조, 타락, 구속, 회복의 성경적 세계관을 이야기 속에 담았어요.

성경은 세상 전체에 대한 진실하고 유일한 이야기를 들려줍니다. 이 거대한 이야기(메타 내러티브)는 이 세상이 존재하는 방식을 알려 주고 그리스도인의 삶의 토대가 됩니다. 또한 우리가 세상을 바라보고 이해하는 관점(세계관)이 되며 인생의 길을 인도하는 길라잡이가 됩니다.

성경은 발단과 전개, 위기, 절정, 결말의 구조로 이루어진 한 편의 드라마와 같습니다. 하나님이 세상을 창조하시고 하나님의 형상을 닮은 사람을 지으십니다. 그러나 사람들은 반역을 일으키고 죄를 지어 하나님과의 관계가 파괴됩니다. 하나님이 지으신 아름다운 세상은 죄로 훼손됩니다. 이에 하나님은 한 사람 아브라함을 부르시고 그 후손인 이스라엘과 약속을 맺으시며 구원의 역사를 시작하십니다. 그 역사의 절정은 예수님을 이 땅에 왕으로 보내서 사람들을 구원하고 창조 세계를 회복하시는 것으로 나타납니다. 이렇게 성경은 오랜 역사 속에서 하나님 나라를 완성해 가시는 하나님의 이야기를 들려주고 있습니다.

『새생명 이야기』는 학생들에게 하나님 나라 이야기를 들려주며 성경적 세계관을 심어 주고자 합니다. 학생들이 창조, 타락, 구속, 회복이라는 성경적 세계관으로 세상을 바라보고 이해하며, 자신의 정체성과 삶의 이유를 발견할 수 있도록 돕고자 하였습니다.

학생들을 영접의 단계로 친절하게 안내해요.

이 교재는 하나님 나라 이야기를 통해 학생들을 하나님 나라와 하나님 자녀로의 부르심으로 초대하고 있습니다. 새 신자에게 복음을 제시하고 예수님을 영접하는 것이 이 교재의 본질적인 목표입니다.

그러나 이 교재는 믿음과 영접에 관하여 학생들이 결정을 내릴 때 최대한 친절하고 사려 깊게 배려하고자 하였습니다. 교재가 마무리될 때 예수님을 영접하지 않으면 안 될 것 같은 분위기 속에서 선택이 강요되지 않기를 바랍니다. 학생들이 비자발적으로 또는 형식적으로 영접 기도를 드리지 않도록 주의합니다.

학생들이 복음을 듣고 충분히 그 의미를 생각하고, 기쁜 마음으로 예수님을 나의 왕, 나의 구주, 나의 주인으로 맞아들일 수 있도록 기다립니다. 아직 마음이 열리지 않았다면 그 선택을 존중하고 다음 과정을 소개합니다. 아울러 하나님의 때를 기다리며 기도합니다.

구원받은 한 개인이 하나님 나라의 책임 있는 그리스도인으로 성장해요.

『새생명 이야기』는 하나님 나라의 포괄적 테두리 안에서 개인 구원의 의미를 설명하고 있습니다. 내가 구원을 받아 하나님의 자녀가 된다는 것은, 하나님 나라를 회복하고 완성해 갈 책임이 있는 그리스도인으로 성장하는 것을 의미합니다. 한 사람의 구원은 죽어서 천국에 들어가는 것만을 의미하지 않습니다. 그 사람에게는 지금 이 땅에서 살아가는 동안에도 하나님 나라를 누리며 살아가고, 왕이신 예수님과 함께 하나님 나라를 회복해 갈 책임이 있습니다.

이 책을 다 배운 학생들은 예수님의 제자로 성장하기 위해 계속해서 제자 양육을 받도록 권면합니다. 예수님을 나의 왕으로 영접한 아이들은 그리스도의 책임 있는 제자로 성장하며, 하나님 나라의 회복과 완성을 꿈꾸고 그 일을 이루어 갈 것입니다.

질문과 나눔을 통해 이야기 속에 숨겨진 진리를 발견해요.

하나님 나라의 이야기를 들은 다음, 질문과 나눔을 통해 이야기 속으로 한 걸음 더 깊이 들어갑니다. 교재에 실린 질문들은 관찰 질문("이야기 속에서 답을 찾아보세요.")과 해석 및 적용 질문("이야기를 읽고 곰곰이 생각해 보아요.")으로 구성되어 있습니다. 아이들이 다양한 질문을 통해 이야기 속에 숨겨진 보석과 같은 진리를 발견하는 기쁨을 누리게 합니다.

관찰 질문을 통해 아이들이 이야기의 내용을 정확하게 파악하고 있는지 확인하고, 중요한 내용을 강조할 수 있습니다. 해석 질문에서는 아이들이 이야기 속의 주인공이나 등장인물이 되어 자기 생각과 느낌을 이야기하고 그 이야기에 담긴 진리와 교훈을 깊이 생각하며 마음에 새길 수 있습니다. 마지막으로 적용 질문을 통해서 하나님의 뜻을 삶 속에서 어떻게 실천할 수 있을지 발표하고 잘 실천하기로 다짐합니다. 아직 마음이 열리지 않은 아이에게는 억지로 적용거리를 찾도록 강요하지 않습니다.

교재에 제시한 질문 외에도 아이들이 스스로 질문을 만들어서 선생님 또는 친구들에게 질문하고 토론하는 것도 효과적입니다. 선생님이 답하기 어려운 질문을 하는 아이에게 작은 선물을 주겠다고 약속하면, 아이들은 더욱 적극적으로 성경 이야기에 귀 기울일 것입니다.

놀이로 함께 어울리며 신나는 시간을 가져요.

예수님은 사람들과 같이 식사하고 잔치에 참여하며 그들과 즐겁게 어울리셨습니다. 하나님 나라는 이리와 어린 양이 함께 놀고 아이들의 장난과 웃음소리가 가득한 곳입니다. 선생님과 함께하는 제자 양육의 공간을 때로는 학생들이 즐겁게 놀 수 있는 하나님 나라의 놀이터로 만들려고 합니다.

본 해설서에는 각 과마다 그 과의 주제에 어울리는 놀이가 수록되어 있습니다. 선생님은 성경을 재미있게 들려주는 이야기꾼일 뿐만 아니라, 아이들이 마음껏 놀이를 즐기게 해주는 놀이꾼이 되어 주기를 바랍니다. 책에 수록되어 있는 QR 코드를 인식하면 놀이 방법을 영상으로 확인할 수 있습니다. 제자 양육이 자칫 딱딱하고 지루한 공부 시간이 되지 않도록, 선생님이 아이들의 눈높이에서 놀이를 이해하고 아이들과 함께 즐기면 좋겠습니다.

잔치에는 맛있는 음식과 신나는 놀이가 빠질 수 없습니다. 아이들은 제자 양육을 통해 생명의 양식인 말씀을 배불리 먹고 함께 어울려 신나게 놀면서, 하나님 나라 잔치의 기쁨을 맛보게 될 것입니다.

교재의 교육 체계

교육 목적

성경에 나타난 하나님 나라를 이해하고 왕으로 오신 예수님을 영접하여 새 생명을 얻은 그리스도인이 됩니다.

교육 목표

- **성경**: 신 · 구약 성경에 기록된 하나님 나라와 예수님 이야기를 들으며 성경에 근거한 믿음을 가지고 성경적 세계관을 배워 갑니다.
- **하나님 나라**: 이스라엘 백성들과 맺은 약속과 예수님의 사역을 통해 하나님이 세상을 다스리시며 하나님 나라를 이루어 가심을 알아 갑니다.
- **왕으로 오신 예수님**: 예수님은 하나님과 동등한 분으로서 이 세상을 구원하고 하나님 나라를 회복하는 왕이시며 또한 나의 왕이심을 고백합니다.
- **새생명**: 예수님을 영접하여 새생명을 얻고, 하나님의 자녀가 된 그리스도인으로서의 기쁨과 감격을 누립니다.

본 교재의 내용

순	제목	주제	주요 내용
서문	하나님 나라 여행으로 초대합니다	성경	- 여러 가지 질문 - 하나님의 말씀을 기록한 성경 - 하나님 나라를 향한 여행으로의 초대
1과	하나님이 세상을 만드셨어요	하나님, 창조	- 이 세상은 어떻게 생겨났을까요? - 스스로 계시는 하나님 - 천지 창조
2과	하나님의 형상대로 사람을 지으셨어요	사람	- 하나님의 형상대로 지어진 사람 - 하나님과 사람의 특별한 관계 - 하나님이 사람을 만드신 이유
3과	반역이 일어났어요	타락	- 선악과 이야기 - 가인과 아벨 이야기 - 큰 홍수와 바벨탑 이야기
4과	하나님을 위한 백성을 선택하셨어요	이스라엘과 맺은 약속	- 약속을 받은 아브라함 - 약속의 땅을 향한 여행 - 하나님의 백성다워지는 시간
5과	이스라엘 나라를 세우셨어요	이스라엘의 역사	- 가나안, 하나님이 약속하신 땅 - 이스라엘 나라 이야기 - 이스라엘의 심판과 멸망
6과	왕이 오실 것이라 약속하셨어요	예수님에 관한 약속	- 다시 세워지는 이스라엘 나라 - 왕이 오신다는 약속 - 왕이신 예수님이 세우시는 하나님 나라
7과	예수님이 오셨어요	예수님	- 왕을 기다리는 이스라엘 - 예수님의 탄생 - 예수님의 가르침
8과	하나님 나라의 회복이 시작되었어요	하나님 나라의 회복	- 예수님의 죽음과 하나님의 법 - 예수님의 부활과 하나님 나라의 회복
9과	하나님 나라가 완성될 거예요	하나님 나라의 완성	- 교회의 시작 - 온 세상에 알려진 하나님 나라 - 완성될 하나님 나라
10과	하나님의 자녀로 부르셨어요	새생명	- 하나님 나라에 들어갈 사람? 들어간 사람! - 하나님 나라를 완성해가는 사람 - 하나님의 선물

교재의 구성

가. 초롱이 만화

주인공 초롱이의 생각을 따라가는 만화로 학생들의 주의를 집중시키고 오늘 배울 이야기에 대한 흥미를 이끌어 내는 첫 단계입니다. 함께 배울 내용을 예측하며 만화를 읽고, 만화 내용으로 퀴즈 내기, 모르는 단어 찾기, 초롱이의 생각 살펴보기 등 다양한 활동으로 이야기를 들을 준비를 합니다.

나. 하나님 나라 이야기

선생님이 하나님 나라 이야기를 들려주는 단계입니다. 아이들에게 해설서에 수록된 삽화를 보여 주면서 선생님이 직접 스토리텔링을 진행합니다. 선생님이 아이들의 눈을 마주보며 이야기할 수 있도록 사전에 스토리텔링을 충분히 연습해야 합니다.

교재 안의 모든 내용을 암기하여 그대로 전하지 않아도 됩니다. 각 과의 주제와 핵심 내용을 중심으로 선생님이 이야기를 재구성하여 전할 수 있습니다. 단, 그 이야기는 성경 말씀에 충실한 것이어야 합니다. 아이들이 이해하기 쉬운 단어로 표현해 주세요. 선생님의 풍부한 감정이 담긴다면 더욱 생동감 넘치는 이야기가 될 것입니다.

책의 내용을 선생님과 아이들이 돌아가며 읽는 것도 한 방법입니다. 각 과의 특징에 따라 선생님이 적절한 방식을 선택할 수 있습니다.

다. Q & A(질문과 나눔)

선생님이 들려준 하나님 나라 이야기의 내용을 확인하며 그 속에 숨겨진 진리를 발견하는 단계입니다. 선생님의 스토리텔링이 끝나면 아이들이 이해되지 않거나 궁금한 점을 찾아보게 합니다.

다음 단계로 교재에 기록된 관찰 질문, 해석 및 적용 질문을 통해 이야기 속으로 들어가 깊이 생각하며 자기 생각과 느낌을 자유롭게 나눕니다. 교재의 질문 외에도 선생님이 다양한 질문을 준비할 수 있고, 아이들이 직접 질문을 만들어서 묻고 답하는 활동을 할 수도 있습니다. 선생님이 모든 답을 말해 주는 것보다 아이들이 스스로 묻고 답하며 이야기 속 진리를 발견하는 기쁨을 맛보게 해 주세요.

라. 성경 놀이

아이들이 오늘 들은 하나님 나라 이야기를 놀이를 통해 복습하고 신나게 노는 단계입니다. 선생님이 놀이 방법과 규칙을 설명하고 안전한 놀이를 할 수 있도록 주의사항을 알려 줍니다. 주변에 위험한 물건이 있는지 점검한 후에 아이들과 함께 놀이를 시작합니다.

놀이는 그 자체가 보상이며, 놀이의 목적은 친밀한 우정을 쌓는 것입니다. 놀이에서 이기면 특정 학생들에게만 보상하거나 지나친 경쟁과 승부욕으로 다툼이 일어나지 않도록 주의합니다. 놀이하며 상대방을 배려하고 규칙을 지키는 태도를 칭찬합니다.

아이들의 자발성을 존중하여 선생님이 제시한 놀이 외에도 학생들이 스스로 선택한 놀이를 할 수 있습니다. 학생들이 창의적으로 놀이를 변형하거나 새롭게 만들어 낸 놀이도 즐길 수 있습니다.

1과 하나님이 세상을 만드셨어요

학습 목표

가. 이 세상이 어떻게 만들어졌는지 알 수 있다.

나. 하나님이 세상에 만드신 것들을 살피며 하나님의 솜씨를 느낄 수 있다.

성경 범위 창세기 1장

주요 단어 세상, 창조, 하나님

초롱이 만화

★ 진행 : 아이들이 초롱이 이야기를 살펴보며 오늘 배울 내용이 무엇일지 상상하게 합니다.

"여러분은 높고 파란 하늘, 크고 넓은 바다, 초록으로 우거진 큰 산과 나무를 보며 그 경치에 감탄해 본 적이 있나요? 우리가 사는 세상에는 탄성을 자아내는 신비롭고 아름다운 풍경이 참 많아요. 그래서 사람들은 아름다운 곳을 찾아 멀리 여행을 떠나기도 하지요. 선생님도 아름다운 자연을 보며 '이처럼 아름다운 세상은 어떻게 만들어졌을까?' 하고 생각해 보곤 하는데, 성경에 이 질문에 대한 답이 있답니다.

오늘은 우리가 살고 있는 이 세상을 만드신 분이 누구인지 살펴볼 거예요.

지금부터 세상이 처음 만들어졌을 때의 모습은 어땠는지 성경을 통해 함께 상상해 보려고 해요. 자, 신비로운 창조의 이야기로 함께 떠나 봅시다."

성경 이야기 해설

1과는 하나님의 존재와 하나님이 천지를 창조하신 내용을 다루고 있습니다.

세상에 아무것도 없을 때도 하나님은 존재하셨습니다. 하나님은 시작도 끝도 없는 분이시기에 사람이 태어나기 전부터, 우주와 지구가 생기기 전부터 스스로 존재하셨습니다. 우리가 하나님을 볼 수 없는 것은 하나님이 우리와 같은 육체를 갖지 않고 영으로 존재하시기 때문입니다. 그래서 우리는 그 분을 볼 수도 없고 만질 수도 없습니다. 이처럼 우리의 감각으로는 하나님을 느낄 수 없기 때문에 하나님을 모르거나 하나님이 없다고 생각하는 사람이 많습니다. 그러나 하나님은 언제 어디에나 영원히 계십니다. 하나님은 자신이 어떤 분이신지 성경을 통해 우리에게 알려 주셨습니다.

이 세상이 존재하기 전, 오직 하나님 한 분만 계시던 때의 모습은 창세기 1장 2절 말씀에 기록되어 있습니다. 얼마나 오랜 기간 동안이었는지, 또 어떤 이유였는지는 알 수 없지만, 성경에는 창조 전의 모습을 무질서와 공허함, 어둠으로 설명하고 있습니다. 이 어둠과 무질서 속에서도 하나님의 성령이 운행하고 계셨습니다.

> 땅이 혼돈하고 공허하며, 어둠이 깊음 위에 있고, 하나님의 영은 물 위에 움직이고 계셨다. _ 창세기 1:2

때가 되자 하나님의 창조가 시작되었습니다.

첫째 날, 하나님이 "빛이 생겨라" 하고 말씀하시자 바로 빛이 생겼고, 하나님은 빛과 어두움을 나누셨습니다. 하나님은 빛은 '낮'으로, 어두움은 '밤'으로 부르셨습니다. 둘째 날, 하나님은 창공을 하늘이라고 부르시고, 하늘을 기준으로 위와 아래로 물을 나누셨습니다. 셋째 날, 하나님은 땅에서 물을 분리하신 다음 마른 곳을 '땅'으로, 물이 모인 곳을 '바다'로 부르셨습니다. 하나님은 땅에 풀과 나무가 자라게 하셨습니다. 넷째 날, 하나님은 지구에 해와 달과 별을 만드시고 낮과 밤을 만드셨습니다. 낮에는 해가, 밤에는 달이 비추도록 하시고, 다른 계절이 있도록 하셨습니다. 다섯째 날, 하나님은 물고기와 새들을 지으셨습니다. 여섯째 날, 하나님은 모든 짐승과 땅에 기는 동물들을 만드셨고, 가장 마지막으로 창조의 하이라이트인 사람을 만드셨습니다.

하나님은 6일 동안 자연 만물과 각종 동식물을 만드시고 나서 '보시기에 좋았다'고 말씀하셨습니다. 하나님이 보시기에 좋았다는 말씀이 창세기 1장에만 일곱 번이나 기록되었을 정도로 하나님이 창조하신 세상은 선하고 아름답고 완전했습니다.

우리 주변에도 하나님의 놀라운 솜씨를 찾아볼 수 있는 위대한 작품이 많습니다. 우리는 히말라야와 알프스, 나이아가라 폭포, 그랜드 캐니언, 우유니 사막, 북극의 오로라 등과 같은 놀라운 대자연에 감탄하고, 첨단 현대 의학으로도 흉내 내지 못하는 정교하고 과학적인 인체의 신비에 경이를 느낍니다. 이 세상에는 그 크기나 아름다움, 정교함으로 우리를 놀라게 하는 많은 피조물이 있습니다. 그런데 이 모든 것을 하나님이 만드셨습니다. 하나님은 우주와 지구와 이 땅의 모든 살아 있는 생물을 만드셔서 하나님의 능력과 영광과 지혜를 드러내셨습니다. 우리 주위를 자세히 살펴보며 창조주 하나님의 놀라운 솜씨를 확인해 보기를 바랍니다.

이 세상은 어떻게 생겨났을까요?

고요한 밤하늘에 떠 있는 수많은 별을 본 적이 있나요? 쏟아질 듯 반짝이는 별을 보며 저 별은 어디에 있을까, 언제 어떻게 만들어졌을까 생각해 본 적이 있나요?

우주는 매우 커요. 태양을 제외하고 지구에서 가장 가까운 별까지는 빛의 속도로 가도 4년이 넘는다고 하니, 한 시간에 5만 km를 가는 빠른 우주선을 타고 가더라도 8만 년이 넘게 걸릴 거예요.

밤하늘을 수놓은 많은 별 중 우리 눈으로 볼 수 있는 것은 3,000개 정도이지만, 우리가 사는 은하에만 별들이 천억 개가 넘고 또 우주에는 이런 은하가 천억 개나 존재해요.

너무도 웅장하여 그 크기를 가늠조차 할 수 없는 우주와, 우리가 살아가는 아름다운 이 세상은 어떻게 생겨난 것일까요? 그리고 지구 위 수많은 사람과 동식물은 어떻게 만들어진 것일까요?

하나님을 믿지 않는 과학자들은 우주가 우연히 만들어졌다고 설명해요. 또 유인원이 오랜 시간에 걸쳐 새로운 환경에 적응하면서 사람으로 진화했다고 주장하고 있어요. 하지만, 주장만 할 뿐 명확한 증거나 설명은 없어요.

이 세상과 사람의 시작에 관하여 성경에서는 분명하게 설명하고 있어요.

우주는 과연
얼마나 넓을까?
하늘의 수많은 저 별들은
어떻게 생겨났을까?

스스로 계시는 하나님

사람들이 존재하기 전, 이 세상이 만들어지기 전, 맨 처음에는 아무것도 없었어요. 아무것도 보이지 않고, 아무것도 들리지 않고, 아무것도 만질 수 없었어요. 오직 어둠과 고요함만 있었을 뿐이었지요.

그런데 그곳, 한 줄기 가느다란 빛도 없고, 작은 바람 소리도 나지 않고, 작은 티끌조차 찾을 수 없었던 바로 거기에, 하나님이 홀로 계셨어요.

하나님은 사람이 태어나기 전부터, 우주가 생기기 전부터 존재하셨어요. 하나님은 누구로부터도 만들어지지 않고 스스로 계시는 분이에요. 하나님은 시간과 공간의 제약을 받지 않기 때문에 언제 어디든 존재하시는 분이랍니다.

산들이 생기기 전에, 땅과 세계가 생기기 전에, 영원부터 영원까지, 주님은 하나님이십니다. _ 시편 90:2

천지 창조

하나님은 굉장한 계획을 이미 마음에 품고 계셨어요. 그리고 때가 되자 하나님은 그 계획에 따라 세상의 모든 것을 하나씩 하나씩 만들어가셨어요.

태초에 하나님이 천지를 창조하셨다. _ 창세기 1:1

하나님이 "빛이 생겨라."라고 말씀을 하시니, 어둠 속에서 밝은 빛이 생겼어요. 하나님은 빛과 어둠을 나누시고, 빛에게 "너는 낮이야."라고 하셨고, 어둠에게는 "너는 밤이야."하고 불러 주셨지요.

그다음 하나님은 하늘을 만드시고, 물을 하늘 아래 있는 바다와 하늘 위에 떠 있는 구름으로 나누셨어요.

땅에는 아름다운 풀과 채소와 열매 맺는 나무를 자랄 수 있게 하셨어요.

하나님이 해와 달과 별들을 부르시자, 해와 달과 별들이 하나님께 인사를 드렸고, 낮에는 해가, 밤에는 달과 별이 하늘에서 지구를 비추도록 하셨지요.

하나님이 "새야, 생겨라."라고 말씀하시자, 하늘 곳곳에서는 앵무새, 독수리, 부엉이, 참새 등이 날갯짓을 하며 각자의 아름다운 목소리로 하나님께 노래했어요.

"물고기야, 생겨라."라는 말씀에 바다에 상어, 오징어, 가오리, 날치와 같은 크고 작은 물고기들이 열심히 헤엄치며 파도를 갈랐어요.

하나님이 "동물들아, 생겨라." 외치시자, 호랑이, 코끼리, 말, 양, 악어, 사슴 등 다양한 동물이 자기 목소리로 하나님께 힘껏 대답했지요.

하나님은 계획하셨던 대로 세상을 창조하시고 피조물*을 하나씩 만드시면서 이렇게 말씀하셨어요.

"너희를 바라고보고 있으니 참 좋구나."

하나님의 계획대로 만들어진 세상은 완벽한 질서가 깃든 평화롭고 아름다운 곳이었거든요. 그러나 위대한 창조는 아직 끝나지 않았답니다. 하나님은 잠시 숨을 고르신 후 이제 곧 세상에 모습을 드러낼, 하나님이 가장 정성 들여 만들어낼 최고의 작품을 준비하고 계셨지요. 창조의 가장 빛나는 장면이 곧 시작되려고 하였습니다.

* 피조물: 하나님이 만드신 모든 것(사람, 동물, 식물, 자연 등)

Day1
Day2
Day3
Day4
Day5
Day6

Q&A

이야기 속에서 답을 찾아보세요.

1. 하나님은 언제부터 계셨나요?

- 태초부터, 세상이 생기기 전부터 계셨습니다.

* 핵심 포인트: 세상이 만들어지기 전부터 하나님이 존재하셨다는 사실을 통해 하나님이 영적이고 영원한 존재임을 깨닫도록 합니다.

2. 성경에서는 이 세상을 누가 만들었다고 했나요?

- 하나님이 만드셨다고 했습니다.

* 핵심 포인트: 이 세상은 저절로 생기거나 우연히 만들어진 것이 아니라 하나님의 완벽한 계획에 따라 만들어졌음을 알게 합니다.

이야기를 읽고 곰곰이 생각해 보세요.

3. 하나님은 하늘과 땅과 모든 동물과 식물을 말씀으로 창조하셨습니다. 하나님의 말씀에는 어떤 능력이 있을까요?

히브리서 4:12

- 하나님의 말씀은 살아 있습니다. 하나님의 말씀에는 힘과 능력이 있습니다.

* 핵심 포인트: 하나님 말씀의 능력과 성경의 권위를 되새기기 위한 질문입니다. 하나님은 말씀으로 세상을 창조하실 수 있으며, 그분의 말씀에는 큰 능력이 있습니다. 하나님은 말씀으로 수많은 놀라운 일을 행하셨고, 하나님이 약속하신 것은 반드시 성취되어 왔습니다. 하나님의 말씀이 기록된 성경은 우리가 읽고 신뢰할 만한 가치가 있다는 것을 가르쳐 줍니다.

4. 여러분은 아름다운 자연과 우주를 보며 창조의 신비를 느낀 적이 있나요? 하나님의 놀라운 솜씨에 감탄했던 경험이 있다면 이야기해 봅시다.

- 넓은 바다와 높은 산을 보며 하나님의 솜씨를 느꼈습니다.
- 사람의 작은 몸에 담겨 있는 많은 혈관과 세포를 보면서 생명의 신비를 느꼈습니다.

* 핵심 포인트: 아름다운 세상과 생명의 신비로움을 보며 하나님의 능력과 섭리를 깨닫도록 하기 위한 질문입니다.

5. 하나님이 처음 만드신 세상은 완전하고 아름다운 곳이었습니다. 하나님이 만드신 세상에 가득했던 것과 없었던 것으로는 어떤 것들이 있을지 생각하여 봅시다.

- 가득했던 것들: 질서, 사랑, 생명, 웃음, 기쁨, 평화 등
- 없었던 것들: 슬픔, 두려움, 고통, 오염, 죄, 죽음, 가난, 다툼, 질투 등

* 핵심 포인트: 창조의 원형을 살펴봄으로써 우리가 회복해 가야 할 하나님 나라의 모습은 어떤 모습인지 구체적으로 생각해 봅니다.

성경 놀이

1. 하나님 가라사대

① 하나님이 말씀으로 세상을 창조하셨다는 사실을 떠올리며 선생님의 가라사대 명령을 따라서 행동하는 놀이입니다.
② 선생님이 "가라사대(이르시되)"를 외치고 뒤에 하는 말을 따라 행동해야 합니다.
③ 선생님이 "가라사대"를 말하지 않고 지시한 것을 실행하면 탈락입니다.
④ "차려", "열중쉬어", "오른손 들어", "더 높이", "만세", "손 흔들어", "더 빨리", "뒤로 돌아", "점프", "이제까지 틀리지 않은 사람 손 들기", "앞으로 나오기" 등의 지시어로 학생들의 실수를 유도합니다.
⑤ 선생님 대신 학생들이 진행자가 되어 놀이를 진행해도 재미있습니다.

2. 천지창조 카드 기억 놀이

① 하나님의 천지창조를 카드를 통해 복습하는 놀이입니다.
② 천지창조 카드를 똑같은 카드가 두 개씩 짝을 이루도록 준비합니다.
③ 총 14장의 카드를 고르게 섞어서 책상 위에 뒤집어서 펼쳐 놓습니다.
④ 가위바위보로 순서를 정하고 한 사람씩 카드를 두 번 뒤집어서 같은 짝이 나오면 그 카드는 자신의 것이 됩니다.
⑤ 이때 카드의 내용을 사람들에게 설명해 주어야 합니다. (예: "하나님이 첫째 날 빛과 어두움을 지으셨어요.")
⑥ 순서대로 돌아가며 놀이하고 가장 많은 카드를 가진 사람이 승리합니다.
⑦ 선생님이 아이 수만큼 카드를 준비하여 놀이가 끝난 후 선물로 줍니다.
※ 천지창조 카드 파일은 템북 홈페이지(tembook.kr) 자료실에 있습니다.

3. 천지창조 카드 모으기

① 가위바위보를 하며 천지창조 카드 7장을 모두 모으는 놀이입니다.
② 천지창조 카드를 섞어서 개인당 7장씩 나눠 줍니다.
③ 아이들은 다른 사람과 일대일로 가위바위보를 해서 이기면 상대방의 카드 중에서 한 장을 뽑아서 갖고, 자신이 필요 없는 카드 한 장을 그 사람에게 줍니다.
④ 자신의 카드를 다른 사람들에게 보여 주지 않고 천지창조 카드 7장을 모두 모으는 사람이 승리합니다.
⑤ 놀이 후에는 천지창조의 순서와 내용을 다 같이 읽어 보도록 합니다.

2과 하나님의 형상대로 사람을 지으셨어요

학습 목표

가. 하나님이 사람을 만드신 이유를 알 수 있다.

나. 우리는 하나님이 만드신 목적대로 살아가기 위해서 어떻게 해야 할지 생각할 수 있다.

성경 범위 창세기 1, 2장

주요 단어 하나님, 창조, 사람, 영광, 하나님 나라

초롱이 만화

★ 진행: 아이들이 초롱이 이야기를 살펴보며 하나님이 사람을 어떻게 지으셨는지, 사람을 왜 만드셨는지 생각하고 발표하게 합니다.

"하나님이 세상의 모든 자연과 동물, 식물을 만드셨듯이, 사람도 하나님이 만드셨어요. 특히 사람은 하나님이 만드신 많은 피조물 중에 가장 훌륭한 작품이에요. 다른 피조물은 말씀으로 만드셨지만, 사람은 하나님이 직접 손으로 빚고 그 코에 생명의 기운을 불어넣으며 더욱 정성을 기울여 만드셨지요. 그런데 하나님은 왜 사람을 만드셨을까요? 우연일까요? 아니면 즉흥적인 생각이었을까요? 하나님은 사람을 만들기 전부터, 그러니까 이 세상을 만들기 전부터 사람을 만들기로 계획하셨어요. 사람과 더불어 꼭 하고 싶은 일이 있으셨거든요. 하나님이 사람을 만드신 과정은 어떠했는지, 그리고 왜 사람을 만드셨는지 함께 알아볼까요?"

성경 이야기 해설

2과에서는 하나님의 창조 사역 여섯째 날에 마지막으로 사람을 창조하신 과정을 다루고 있습니다. 하나님이 만드신 모든 것이 하나님이 보시기에 아름다웠습니다. 하나님은 그중에서도 특히 사람을 가장 정성스럽게 만드셨습니다. 창조 사역 여섯째 날, 하나님은 다른 피조물은 말씀만으로 창조하신 것과는 달리 사람은 하나님의 모습을 따라 직접 손으로 빚어서 만드셨습니다.

하나님은 사람에게서 찬양과 영광을 받기 위해 사람을 만드셨습니다. 하나님은 사람이 하나님을 영화롭게 하고, 하나님을 사랑하고, 하나님과 기쁘게 교제하기를 원하십니다. 『웨스트민스터 소요리 문답』 제1문에는 인간의 가장 우선되는 목적은 "하나님을 영화롭게 하고, 하나님을 영원히 즐거워하는 것"이라고 명시하고 있습니다. 사람은 하나님의 영광을 위해 만들어졌기 때문에 우리는 하나님과 함께 있을 때 가장 기쁘고 행복하다는 사실을 기억해야 합니다.

> 그러므로 여러분은 먹든지 마시든지, 무슨 일을 하든지, 모든 것을 하나님의 영광을 위하여 하십시오. _ 고린도전서 10:31
>
> "우리의 주님이신 하나님, 주님은 영광과 존귀와 권능을 받으시기에 합당하신 분이십니다. 주님께서 만물을 창조하셨으며, 만물은 주님의 뜻을 따라 생겨났고, 또 창조되었기 때문입니다" 하고 외쳤습니다. _ 요한계시록 4:11

또한 하나님은 이 땅에 하나님의 나라를 세우기 위해 사람을 만드셨습니다. 하나님의 형상을 따라 만들어진 사람이 하나님의 뜻에 따라 이 세상을 다스리고 아름답게 가꾸어 갈 때 하나님의 나라가 이루어질 수 있습니다.

하나님은 첫 번째로 만드신 사람을 아담이라고 부르셨고, 그에게 에덴동산에서 살며 그곳을 돌보게 하셨습니다. 그리고 에덴동산의 모든 나무 열매는 먹을 수 있지만, 선과 악을 알게 하는 나무의 열매만은 먹지 말라고 말씀하셨습니다. 하나님은 모든 동물을 아담에게로 이끄셨고, 아담은 각 동물에게 이름을 붙여 주었습니다.

하나님은 아담이 혼자 있는 것을 좋지 않게 여기시고 그의 짝 하와를 만드셨습니다. 아담과 하와의 만남은 최초로 가정이 탄생하는 순간이었습니다. 하나님은 아담과 하와에게 세상의 모든 것을 다스릴 것을 말씀하셨습니다.

> 하나님이 그들에게 복을 베푸셨다. 하나님이 그들에게 말씀하시기를 "생육하고 번성하여 땅에 충만하여라. 땅을 정복하여라. 바다의 고기와 공중의 새와 땅 위에서 살아 움직이는 모든 생물을 다스려라" 하셨다. 하나님이 말씀하시기를 "내가 온 땅 위에 있는 씨 맺는 모든 채소와 씨 있는 열매를 맺는 모든 나무를 너희에게 준다. 이것들이 너희의 먹거리가 될 것이다. 또 땅의 모든 짐승과 공중의 모든 새와 땅 위에 사는 모든 것, 곧 생명을 지닌 모든 것에게도 모든 푸른 풀을 먹거리로 준다" 하시니, 그대로 되었다. _ 창세기 1:28~30

하나님이 사람에게 세상을 다스리도록 하신 것을 '문화명령'이라고 합니다. 문화명령은 하나님이 사람에게 세상을 다스릴 큰 권리를 주신 것과 동시에 아름다운 세상을 잘 가꾸어 갈 책임 또한 주셨다는 의미입니다. 사람은 선한 청지기로서 하나님이 만드신 창조 세계를 질서 있고 선한 모습으로 가꾸며 보호할 의무가 있습니다. 하나님의 말씀과 뜻대로 세상을 다스려 갈 때, 이 땅에 하나님 나라가 임하게 될 것입니다.

하나님의 형상대로 지어진 사람

하나님이 만드신 모든 것은 보기에 아름답고 훌륭했어요. 그런데 그 모든 작품 중에서도 하나님이 더욱 특별한 관심을 기울여 정성껏 만드신 게 있답니다. 그것은 바로 사람이었어요.

하나님이 말씀하시기를 "우리가 우리의 형상을 따라서, 우리의 모양대로 사람을 만들자." _ 창세기 1:26

하나님이 세상을 만들기 시작한 지 여섯 번째 되던 날, 하나님은 하나님의 모습을 따라서 흙으로 손수 사람을 빚으셨어요. 그리고 코에 생기를 '후!' 하고 불어넣으셔서 살아 숨을 쉬게 만드셨어요. 하나님의 성품을 닮은 사람이 세상에서 살아가도록 하신 것이지요.

하나님이 만드신 첫 번째 사람의 이름은 아담이에요.

하나님은 에덴에 동산을 만드셔서 아담을 그곳에 살게 하셨어요. 그리고 아담이 혼자 있는 것을 좋지 않게 여기시고 그의 짝 하와를 만들어 주셨지요.

이것이 바로 가정의 시작이에요. 하나님은 아담과 하와가 가정을 이루고 하나님이 만드신 아름다운 세상에서 하나님의 뜻대로 행복하게 살아가기를 원하셨어요.

아담과 하와는 하나님께 감사하며 자신을 만드신 하나님을 찬양했답니다.

하나님과 사람의 특별한 관계

하나님이 만드신 세상은 온전히 아름답고 선한 곳이었어요. 하나님의 계획대로 만들어진 모든 것이 평화 속에서 조화를 이루며 살아가고 있었기 때문에, 세상에는 다툼이나 눈물이 없었고, 두려워하거나 걱정할 필요도 없었지요.

하나님은 하나님이 만드신 모든 것 중에서도 사람을 더욱 사랑하셨어요. 하나님은 사람이 하나님의 모습을 닮도록 직접 만드셨기 때문에 사람에게 더 특별한 복을 주셨지요. 사람에게는 바다의 물고기와, 하늘의 새와, 땅 위의 모든 동물을 다스릴 수 있도록 맡기셨고, 땅 위의 모든 채소와 열매도 마음껏 먹을 수 있게 하셨어요. 또 들에 있는 모든 짐승과 하늘의 새를 아담 앞으로 불러 모으셔서, 아담이 동물들의 이름을 직접 지어 부를 수 있도록 하셨답니다.

하나님은 하나님이 만드신 세상을 사람들이 다스리는 것을 바라보시는 게 참 기쁘셨어요. 하나님 모습을 닮은 사람이 하나님 뜻대로 세상을 아름답게 가꾸어가기를 원하셨거든요. 이렇게 하나님은 6일 동안 온 세상을 창조하시고, 하나님이 만드신 모든 것을 사랑스럽게 바라보시며 매우 기뻐하셨어요.

하나님이 손수 만드신 모든 것을 보시니, 보시기에 참 좋았다. _ 창세기 1:31상

하나님이 사람을 만드신 이유

하나님이 사람을 왜 만드셨는지 생각해 본 적이 있나요? 하나님이 세상을 창조하신 다음 갑자기 무언가 떠올라 사람을 만드셨을까요? 아니면 어쩌다 우연히 사람이 만들어지게 된 것일까요?

> 하나님은 세상 창조 전에 그리스도 안에서 우리를 택하시고 사랑해 주셔서, 하나님 앞에서 거룩하고 흠이 없는 사람이 되게 하셨습니다. _ 에베소서 1:4

하나님은 세상을 만들기 전부터 사람을 계획하셨어요. 하나님이 사람을 만드신 것은 하나님께 영광을 돌리도록 하기 위해서였어요.

> 나의 이름을 부르는 나의 백성, 나에게 영광을 돌리라고 창조한 사람들, 내가 빚어 만든 사람들을 모두 오게 하여라.
>
> _ 이사야 43:7

세상 모든 것을 만들고 다스리시는 하나님은, 특별히 하나님이 가장 소중하게 만든 피조물인 사람들에게 찬양과 영광을 받기 원하셨어요. 그리고 사람들이 하나님을 예배하고 사랑하며 하나님과 영원히 기쁨을 함께 누리기를 바라셨지요. 사람은 하나님과 함께할 때 가장 즐겁고 행복할 수 있기 때문이에요.

또 하나님은 이 땅에 하나님 나라를 세우기 위해 사람을 창조하셨어요. 하나님 모습대로 만들어진 사람이 하나님 뜻에 따라 이 세상을 다스리고 아름답게 가꾸어 가기를 바라셨던 거예요. 사랑과 정의가 가득한 하나님 나라를 이 땅에 온전히 세워가길 기대하셨답니다.

완전한 하나님의 손길로 빚어진 여러분은 하나님의 최고의 작품이에요. 세상 모든 것을 완벽하고 조화롭게 만드신 하나님이 세상을 창조하기 전부터 바로 여러분을 계획하고 만드셨답니다. 하나님은 세상 그 무엇보다 소중하고 특별하게 만들어진 여러분을 사랑스럽게 바라보시며 역시 이렇게 말씀하셨을 거예요.

"보기에 참 좋구나."

Q&A

이야기 속에서 답을 찾아보세요.

1. 하나님은 무엇으로 사람을 만드셨나요?

- 하나님이 직접 흙을 빚어 아담을 만드시고, 코에 생명의 기운을 불어넣으셨습니다. 하와는 아담이 잠들어 있는 사이 그의 갈비뼈 하나를 꺼내어 만드셨습니다.

* 핵심 포인트: 하나님이 다른 피조물과 달리 더 많은 사랑과 정성을 들여 만드신 인간의 존재를 깨닫게 합니다.

2. 사람은 누구의 모습을 따라 만들어졌나요?

- 하나님의 모습을 따라 만들어졌습니다.

* 핵심 포인트: 사람이 하나님을 닮은 모습으로 만들어졌다는 사실을 통해 존재의 소중함을 느끼고 존재 목적에 대해 생각해 보도록 합니다.

이야기를 읽고 곰곰이 생각해 보세요.

3. 사람이 하나님의 형상을 닮았다는 것은 어떤 의미일까요?

- 사람이 하나님과 같은 영적 존재이며, 하나님의 거룩한 성품을 닮았다는 뜻입니다.

* 핵심 포인트: 사람의 겉모습뿐 아니라 영적 속성과 거룩한 성품까지 하나님의 형상대로 창조되었음을 알게 합니다.

4. 하나님이 사람에게 '생육하고 번성하여 땅에 충만하여라. 땅을 정복하여라. 바다의 고기와 공중의 새와 땅 위에서 살아 움직이는 모든 생물을 다스려라. 창세기 1:28'라는 명령을 내리셨습니다. 하나님이 사람에게 주신 정복하고 다스리라는 명령의 뜻은 무엇일까요?

- 자연을 인간의 마음대로 할 권리를 주셨다는 의미가 아니라, 하나님의 뜻에 따라 세상을 아름답게 가꾸고 관리하라는 뜻입니다.

* 핵심 포인트: 하나님이 아담과 하와에게 주신 '문화 명령'의 의미를 살펴봄으로써 하나님 나라를 만들어 가기 위해 인간이 해야 할 일이 무엇인지 생각하고, 인간과 자연의 올바른 관계를 정립하도록 합니다.

5. 하나님은 하나님이 만드신 내가 어떻게 살아가길 바라실까요?

- 나 자신이 하나님이 직접 만드신 귀한 존재라는 사실을 기억하고 자신을 사랑하며 살아가야 합니다.
- 하나님이 나를 만드신 목적에 따라 하나님의 영광을 위해 살아가야 합니다.
- 하나님이 만드신 다른 동물과 식물을 소중히 아끼며 잘 가꾸어야 합니다.

* 핵심 포인트: 하나님이 오래전부터 계획하시고 세상 그 무엇보다 소중하고 보배롭게 지으신 존재가 바로 나 자신이라는 사실을 깨닫게 합니다.

성경 놀이

1. 코코코 놀이

① 선생님이 손가락으로 코를 가리키며 "코코코" 하고 외치다 신체 부위의 끝음절을 이야기합니다.
② 학생들은 재빨리 그 신체 부위를 손가락으로 가리키며 말하고 자리에서 일어납니다.
③ 답은 코에서 가장 가까운 곳으로 정합니다. 예를 들어, 선생님이 "코코코, 닥"이라고 말하면, 코에서 가장 가까운 신체 부위인 혓바닥을 가리키며 외쳐야 합니다. (손바닥, 발바닥은 혓바닥보다 코에서 멀기에 틀립니다.)
④ 예시: '리'(머리, 허리), '썹'(눈썹), '깨'(어깨), '닥'(혓바닥), '털'(코털), '멍'(콧구멍), '중'(인중), '름'(팔자주름), '이'(관자놀이), '룻'(구레나룻) 등
⑤ 정답을 맞힌 사람은 그 신체 부위를 쓰다듬으며 "하나님 보시기에 좋았어요!"라고 외칩니다.
⑥ 놀이 후에는 우리 몸은 하나님이 지으신 소중한 몸이니 아름답게 가꾸고, 나의 몸이 소중한 만큼 다른 사람의 몸도 소중하게 여기기로 다짐합니다.

2. 나는 하나님의 작품

① 가장 높은 음정을 낼 수 있는 사람을 찾는 놀이입니다.
- 한사람씩 돌아가면서 한 계명씩 음정에 맞춰 부릅니다. 처음 사람이 낮은음 '도'를 부르면 그다음 사람이 한 단계 높은음인 '레'를 부르는 형식으로 돌아가며 한 단계씩 음정을 높게 부르는 형식입니다.
- 정확한 음을 내지 못하는 사람은 탈락하고, 남은 사람들끼리 대결합니다.

② 가장 낮은 음정을 낼 수 있는 사람을 찾는 놀이입니다.
- 처음 사람이 높은음 '도'를 부르면 그다음 사람은 한 단계 낮은음인 '시'를 부르는 형식으로 돌아가며 한 단계씩 음정을 낮게 부릅니다.

③ 풍선을 가장 많이 튕기는 사람을 찾는 놀이입니다.
- 학생들이 각자 풍선을 한 개씩 가지고 많이 튕기기 시합을 합니다.
- 자기 구역을 벗어나거나 풍선이 땅에 닿으면 아웃입니다.
- 손등으로 튕기기, 검지로 튕기기, 머리로 튕기기, 무릎으로 튕기기 등으로 가장 많이 튕긴 사람이 점수를 얻습니다.

④ 네 번째 놀이는 풍선에 선생님 얼굴을 가장 잘 그리는 사람을 선발하는 놀이입니다.
- 학생들은 각자의 풍선에 보드마카로 선생님의 얼굴을 그립니다.
- 선생님이 심사하여 선생님이 가장 마음에 드는 작품을 선발합니다.

3과 반역이 일어났어요

학습 목표

가. '선악과 이야기'를 통하여 하나님께서 선하게 창조하신 세상이 어떻게 타락하게 되었는지 알 수 있다.

나. 원죄 이후 사람들의 모습을 통하여 반복되는 죄 속에 드러난 죄의 근원을 알 수 있다.

성경 범위 창세기 3~11장

주요 단어 에덴동산의 유일한 규칙, 첫 범죄, 죽음, 망가진 하나님의 형상과 세상, 자기의 생각대로 사는 것, 반복되는 죄

초롱이 만화

★ 진행 1: 만화를 읽기 전, 각자 죄가 무엇인지 생각해 보고 발표하게 합니다.

"여러분은 죄가 무엇이라고 생각하나요? 성경에서 말하는 죄는 우리가 생각하는 죄와 비슷한 것 같으면서도 다른 점이 있습니다. 이번 시간에 여러 이야기를 통하여 하나님께서 무엇을 죄라고 말씀하셨는지 살펴봅시다."

★ 진행 2: 학생들이 초롱이 이야기를 살펴보며 선악과 이야기의 내용이 무엇인지 살펴보게 합니다.

"여러분이 만약 아담과 하와라면 선악과를 따 먹었을까요? 선악과 이야기를 이미 들어본 친구들도 있지요? 우리는 가끔 하나님께서 우리에게 지킬 수 없는 명령을 주셨다고 오해합니다. 마치 다섯 살 짜리 어린 아이에게 맛있는 케이크를 앞에 두고 절대 먹으면 안 된다고 이야기하는 것처럼 말이에요. 하지만 조금만 더 생각해 보면 절대 그런 이야기가 아니라는 것을 알 수 있습니다. 성경에는 에덴동산의 모든 나무 열매와 채소들을 아담과 하와가 먹을 수 있다고 나와 있습니다. 여러분은 세상의 모든 먹거리를 내 마음대로 먹을 수 있는데 한번도 먹어본 적이 없는 어떤 나무 열매 한 가지를 먹지 말라고 하면 어떻게 할 것 같은가요? 저라면 맛이 있는지 없는지 먹어 보지도 않은 열매보다 맛있는 딸기를 실컷 먹겠습니다. 선악과를 따 먹었다는 것은 자연스러운 행동이 아닙니다. 이 이야기 안에는 뭔가가 있다는 말입니다. 이제부터 이 이야기 속으로 쏙 들어가서 선생님과 함께 그 뭔가를 발견해 봅시다."

성경 이야기 해설

3과 이야기에서는 선악과 이야기, 가인과 아벨 이야기, 큰 홍수와 바벨탑 이야기를 통하여 성경이 말하는 '죄'를 다루고자 합니다.

우리가 일반적으로 말하는 죄와 성경이 말하는 죄에는 차이가 있습니다. 일반적으로 말하는 죄는 눈에 보이는 행위에 초점이 맞춰져 있지만, 성경이 말하는 죄는 그 근원인 마음에 초점이 맞춰져 있습니다.

선악과 이야기를 통하여 우리는 최초의 죄를 살펴볼 수 있습니다. 표면적으로 원죄는 '동산 중앙에 있는 나무 열매를 따 먹지 말라'고 말씀하신 하나님의 말씀을 거역한 것이었습니다. 하지만 그 이야기 속에서 그 행위의 동기인 '하나님처럼 되고 싶다'는 마음을 발견할 수 있습니다.

하나님처럼 되고 싶은 마음은 나를 창조하신 하나님 대신 내가 내 삶의 주인이 되어 살고 싶다는 것입니다. 즉, 하나님의 왕 되심을 거부하고 내가 내 삶의 왕이 되겠다는 것입니다. 이것이 원죄 이후 인간 역사에 흐르는 죄의 핵심입니다.

죄의 결과는 절대 가볍지 않았습니다. 하나님께서 아담과 하와에게 말씀하셨던 것처럼 그 결과는 '죽음'이었습니다. 선악과를 따먹고 겉으로는 아무것도 변한 것이 없었지만, 아담과 하와 안에 있던 하나님의 형상은 이미 망가져 버렸습니다. 그리고 이제 더 이상 하나님을 만날 수 없게 되었습니다. 하나님께서 사람에게 맡긴 온 세상도 저주받아 신음하게 되었습니다.

우리는 가인과 아벨 이야기, 큰 홍수와 바벨탑 이야기를 통하여 원죄 이후 반복되는 죄의 모습을 살펴볼 것입니다. 이 안타까운 이야기들을 살펴보면서 공통으로 나타나는 죄의 모습을 발견하고 그 죄의 모습이 내 모습임을 깨닫는 은혜가 있기를 기대합니다.

선악과 이야기(죄의 시작)

하나님은 첫 사람들에게 채소와 나무 열매를 먹을거리로 주셨어요. 하나님은 특별히 에덴에 다양하고 맛있는 열매를 맺는 나무를 주셔서 아담과 하와가 언제라도 자유롭게 따 먹을 수 있도록 하셨어요. 단 선악과만 빼고 말이에요. 하나님은 아담과 하와에게 분명히 말씀하셨습니다.

"선악과는 따 먹지 말아라. 네가 따 먹는 날에는 분명히 죽을 것이다."

이것이 바로 하나님이 사람에게 주신 첫 번째 규칙이었어요. 에덴동산에는 오직 '선악과를 따 먹지 말라'는 규칙 한 가지가 있을 뿐이었답니다.

어느 날 하나님이 지으신 동물 중 가장 교활하다고 하는 뱀이 여자에게 말을 걸었어요.

"하와야, 내가 어디서 들은 말인데, 하나님이 정말로 너희에게 여기 있는 모든 나무열매를 먹지 말라고 하셨어?"

"아니야, 우리는 에덴동산 나무 열매를 먹을 수 있어. 그런데 하나님이 저 선악과는 먹지도 말고 만지지도 말라고 하셨어. 우리가 죽는다고 하셨거든."

"너는 그걸 믿니? 아니야. 너희는 결코 죽지 않아. 오히려 너희 눈이 밝아져서 하나님처럼 될 거야."

뱀의 말을 듣고 하와는 다시 선악과를 보았어요. 선악과가 참 맛있어 보였고, 먹고 싶다는 생각도 들었어요. 심지어 저 열매를 먹으면 정말 하나님처럼 될지도 모른다는 생각도 들었답니다. 결국 하와는 열매를 따서 먹고, 아담에게도 주었어요.

이것이 첫 범죄의 현장이에요. 단 하나밖에 없었던 에덴동산의 규칙을 어기고 죄를 짓는 순간이었어요. 그 결과는 어땠을까요? 죄의 결과는 하나님의 말씀처럼 죽음이었어요. 선악과를 따 먹는 순간, 마치 보이지 않는 독처럼 죽음은 사람에게 흘러들어 왔어요. 에덴동산에서 최고의 자유를 누리며 하나님과 함께 살았던 사람은 더 이상 하나님을 만날 수 없었어요. 사람은 에덴동산에서 쫓겨나 다시는 돌아올 수 없게 되었고 그 몸도 늙고 병들어 언젠가 죽음에 이르게 되었지요. 겉으로는 아무것도 변한 것이 없었지만, 그 안에 담겨 있던 하나님의 형상은 이미 망가져 버렸답니다.

가인과 아벨 이야기(하나님을 떠난 사람들의 세상)

아담과 하와는 에덴동산에서 쫓겨나 두 아들을 낳았어요. 첫째 아들 가인은 농사를 짓는 농부였고, 둘째 아들 아벨은 양을 치는 목자였어요.

그런데 이 아담의 가정에 또 다시 비극적인 일이 일어났어요. 가인과 아벨이 하나님께 예배를 드리게 되었지요. 농부였던 가인은 땅에서 수확한 곡식과 열매를 예물로 드렸고, 목자였던 아벨은 양의 첫 새끼를 예물로 드렸어요.

그런데 하나님은 가인이 드린 것은 받지 않으시고 아벨이 드린 것만을 기쁘게 받으셨답니다. 비극은 여기에서 시작되었습니다. 가인은 하나님 앞에서 얼굴색이 바뀔 정도로 화가 났어요. 화는 동생인 아벨에게 향하였고, 아무도 보지 않는 들에서 가인은 아벨을 쳐 죽였어요.

그 첫 살인의 현장을 아무도 보지 못했을까요? 하나님은 가인에게 이렇게 말씀하셨어요.

"네 아우 아벨이 어디 있느냐?"

하나님의 이 물음은 선악과를 따먹고 숨어있던 아담에게 찾던 "네가 어디 있느냐?"창세기 3:9 하는 물음과 참 닮았어요.

하나님이 지으신, 하나님의 형상을 닮은 사람은 이제 어디에도 없는 것 같아요. 아담의 아들이자 첫 살인자 가인은 하나님 앞에서 자신이 죄를 지었음을 깨닫고 한없이 괴로워하였답니다.

큰 홍수 이야기

첫 살인자 가인 이후로, 아담의 자손들은 저마다 삶의 주인이 되어 '자기의 생각대로' 살아갔어요. 사람들은 하와를 유혹한 뱀의 말처럼 '자기의 생각대로' 살아가는 것이 바로 내 삶의 주인이 되어 사는 것이라고 생각했어요.

아담의 자손들은 자녀를 많이 낳았고 어느새 이 세상에 가득하게 되었어요. 그리고 그만큼 사람들의 죄도 이 세상을 가득 채웠지요. 이 땅에 사람들의 죄가 넘쳐나자, 의로운 재판장이신 하나님은 큰 홍수로 땅 위의 모든 것을 쓸어버리려 하셨어요.

하지만 단 한 사람, 노아를 선택하셔서 방주를 짓게 하셨고, 사람들이 홍수를 피할 기회를 주셨답니다.

곧 홍수가 올 것이니 산꼭대기의 방주로 피해야 한다는 노아의 이야기를 들은 사람들은 어떻게 했을까요?

사람들은 노아가 전하는 하나님의 말씀에 아무도 귀 기울이지 않았어요. 심판의 날에 방주로 들어간 사람은 노아의 가족 말고는 없었지요.

큰 홍수가 지나고 세상에는 노아의 가족만 남게 되었습니다. 노아로부터 다시 시작된 사람들은 하나님께 돌아갔을까요?

바벨탑 이야기

노아의 자손들도 자녀를 많이 낳았고 어느새 세상에 가득하게 되었어요. 그러던 어느 날 시날이라는 땅에 많은 사람이 모여 말했어요.

"벽돌과 역청으로 튼튼한 성을 쌓고, 하늘에 닿을 정도로 높은 탑을 쌓자. 그렇게 하면 우린 유명해질 것이고 누구도 우리를 흩어놓지 못할 거야."

사람들은 튼튼한 성을 쌓으면 안전할 것이고, 높은 탑을 쌓으면 하나님처럼 높아질 것이라고 생각했어요. 변한 것은 아무것도 없었답니다. 하나님은 큰 홍수로 사람들을 심판하셨지만, 사람들은 여전히 자신이 삶의 주인이 되어 '자기의 생각대로' 살고 있었던 거예요.

그러자 하나님은 이전까지 하나였던 언어를 여러 가지로 뒤섞어 버리셨어요. 사람들은 서로가 하는 말을 알아들을 수 없었고, 더 이상 일을 진행하지 못했어요.

그들은 어쩔 수 없이 언어가 같은 사람들끼리 흩어져 살게 되었지요.

선악과 사건 이후 사람들에게는 스스로의 욕심에 따라 죄를 짓는 죄성이 생겼어요. 지금도 사람들은 '자기의 생각대로' 수많은 죄를 짓고 살아간답니다. 오늘의 뉴스를 살펴보세요. 범죄의 소식이 넘쳐납니다. 주변 사람들을 살펴보세요. 서로에게 화를 내고, 거짓말을 하고 싸우기도 합니다. 그리고 내 모습을 돌아보세요. 다른 사람이 볼 수 없는 내 마음을 들여다보세요.

모든 사람이 죄를 범하였습니다. 그래서 사람은 하나님의 영광에 못 미치는 처지에 놓여 있습니다. _ 로마서 3:23

Q & A

이야기 속에서 답을 찾아보세요.

1. 하나님이 아담과 하와에게 명령하신 에덴동산의 유일한 규칙은 무엇이었나요?

- 선악과는 따 먹으면 안 된다는 것이었습니다.

2. 하나님은 죄의 결과를 무엇이라고 하셨나요?

- 죽음이라고 하셨습니다.

* 핵심 포인트: 죄와 그 결과는 매우 단순합니다. 하나님은 분명히 죄의 결과는 죽음이라고 말씀하셨습니다. 여전히 인간은 죽음의 문제에서 자유로울 수 없습니다. 단순한 내용 확인 질문이지만 학생들의 연령에 따라 죽음에 관하여 좀 더 깊은 대화도 가능합니다.

이야기를 읽고 곰곰이 생각해 보세요.

3. 아담과 하와가 선악과를 따 먹은 까닭죄의 근원은 무엇인가요?

"너는 그걸 믿니? 아니야. 너희는 결코 죽지 않아. 오히려 너희 눈이 밝아져서 하나님처럼 될 거야."
뱀의 말을 듣고 하와는 다시 선악과를 보았어요. 선악과가 참 맛있어 보였고 먹고 싶다는 생각도 들었어요. 심지어 저 열매를 먹으면 정말 하나님처럼 될지도 모른다는 생각도 들었답니다. 결국 하와는 열매를 따서 자신도 먹고 아담에게도 주었어요.

- 하나님처럼 되고 싶다는 마음, 교만함, 내가 내 삶의 주인이 되겠다는 마음, 내가 왕이 되고 싶은 마음 등입니다.

* 핵심 포인트: 선악과를 따 먹은 행위 이면에 흐르고 있는 마음의 문제에 초점을 맞추는 문제입니다. '내 생각대로 살아가는 것'이 왜 죄가 되는지 알아보고자 하였습니다.

4. 이야기 속에 등장하는 죄의 여러 모습을 보고, 성경이 말하는 죄는 무엇인지 이야기해 봅시다.

- 아담과 하와의 죄: 에덴동산에서 하나님이 유일하게 금지하신 규칙을 어김.
- 가인의 죄: 질투하고 화를 냄. 화를 못 이기고 결국 동생을 죽임.
- 가인 이후 사람들의 죄: 내가 내 삶의 주인이 되어 내가 하고 싶은 대로 삶.

- 하나님의 말씀을 지키지 않는 것, 마음에 내키는 대로 행동하는 것, 내 욕심대로 하는 것 등입니다.

* 핵심 포인트: 이야기와 질문들을 통하여 성경이 말하는 죄가 무엇인지를 자신의 말로 정리합니다. 정리된 것을 함께 읽어 보면서 죄에 대한 개념을 바로 설정합니다.

5. 나는 죄인인가요? 숨기고 싶은 나의 부끄러운 모습을 같이 이야기해 봅시다.

- 선생님과 학생들이 자유롭게 이야기합니다.

* 핵심 포인트: 죄의 문제를 나에게 적용해서 생각해 봅니다. 양육 초반에 솔직한 고백이 나오기 어려울 수 있지만, 선생님과 아이의 삶을 깊이 나누는 시간이 되기를 바랍니다.

성경 놀이

1. 노아의 방주로 모여라

① 노아의 방주에 모인 동물들의 이름이 무엇인지 알아맞히는 놀이입니다.
② 선생님이 팀별로 노아의 방주 용지를 나눠 줍니다.
③ 팀원은 협동하여 각 초성에 맞는 동물 이름을 씁니다. 단 동물은 반드시 육지에 사는 다리가 4개인 동물이어야 합니다.
④ 선생님이 미리 정답이 적힌 용지를 들고 차례대로 동물 이름을 발표하며 그 동물 이름에 해당하는 점수를 알려 줍니다.
⑤ 총점이 가장 높은 팀을 칭찬합니다.
⑥ 놀이 후에는 환경 오염으로 고통 받고 있는 동물들을 안전하게 지켜 주기로 다짐합니다.

※ 노아의 방주 용지는 89, 91페이지에 있습니다.

2. 믿음의 과녁 맞히기

① 과녁 맞히기를 통해 죄의 뜻을 이해하는 놀이입니다.
② 죄에는 '과녁에서 벗어나다'라는 뜻이 있다는 것을 설명하고 하나님의 형상과 뜻에 벗어나지 않는 믿음을 갖자고 이야기합니다.
③ 칠판(유리창, 거울 등)에 동심원 5개로 과녁을 그립니다. 가장 가운데 있는 작은 원이 5점이고 밖으로 한 칸씩 커질 때마다 1점씩 줄여 가장 밖에 있는 큰 원이 1점이 되도록 표시합니다.
④ 선생님은 양동이(또는 큰 접시)에 물을 절반 정도 채우고 두루마리 휴지 뭉치를 준비합니다.
⑤ 아이들이 한 명씩 휴지 뭉치에 물을 적셔서 과녁에 던집니다.
⑥ 과녁의 점수를 합하여 가장 높은 점수를 얻은 아이를 칭찬합니다.
⑦ 놀이 후에는 하나님의 형상에서 벗어난 우리의 잘못된 행동을 되돌아봅니다.

4과 하나님을 위한 백성을 선택하셨어요

학습 목표

가. 하나님께서 아브라함에게 약속을 주시고 그 약속을 이루어 가시는 과정을 알 수 있다.

나. 하나님의 계획과 인도하심의 과정을 살펴보면서 나를 인도하시는 하나님을 발견할 수 있다.

성경 범위 창세기 12장~신명기 34장

주요 단어 약속, 아브라함, 모세, 출애굽, 광야, 가나안 땅, 인도하심

초롱이 만화

★ 진행 1: 학생들이 초롱이 이야기를 살펴보며 고향을 떠나는 아브라함의 마음이 어떠했을지 발표하게 합니다.

"고향을 떠나는 아브라함의 마음은 어땠을까요? 여러분이 아브라함이라면 하나님의 말씀을 듣고 어떤 마음이 들었을까요? 평생을 살던 고향 땅을 떠난다는 것은 결코 쉬운 일이 아니었을 것입니다. 이제 4과의 이야기를 살펴보면서 모험 같은 삶을 살아간 성경 속 사람들을 살펴보려고 합니다."

★ 진행 2: 75세가 된 할아버지에게 꿈이 생긴다는 것을 상상하게 하고 이야기를 나눠 봅니다.

"75세가 된 할아버지가 새로운 꿈을 가질 수 있을까요? 여러분은 어떤 꿈을 가지고 있나요? 여러분이 75세 할아버지, 할머니가 되어도 꿈을 꿀 수 있을까요? 하나님의 놀라운 계획은 이 75세 할아버지에게 꿈을 주신 것에서 시작됩니다."

성경 이야기 해설

4과 이야기에서는 아브라함 이야기와 모세의 출애굽 이야기, 광야 생활 이야기를 통하여 하나님의 언약, 그리고 그 언약을 신실하게 이루시는 하나님에 대해 살펴봅니다.

바벨탑 사건 이후에도 사람들은 여전히 '자기 생각대로' 사람들의 나라를 만들며 살아갑니다. 생육하고 번성하여 사람은 점점 많아지는데, 누가 그 나라의 왕이 되어야 할까요? 이 문제 때문에 인간의 역사는 끊임없이 왕이 되기 위하여 싸우는 전쟁의 역사가 되어 버립니다. 끊임없는 죄의 역사가 된 것입니다.

이제 죄가 넘쳐나는 세상을 구원하기 위한 하나님의 계획이 시작됩니다. 하나님은 아브라함을 선택하시고, 그와 하나의 약속(언약)을 하십니다. 그리고 이삭과 야곱, 요셉, 모세를 세우시고 그 약속을 신실하게 이루어 가십니다. 즉, '자기 생각대로' 스스로 왕이 되어 살아가는 이 세상과는 다른, 하나님이 왕이신 한 나라를 세워 가십니다.

하나님은 약속하시고 그 약속을 신실하게 이루어 가시는 분입니다. 지금 현재를 사는 우리에게도 하나님은 동일하게 계획을 갖고 계십니다. 하나님께서는 나에게 어떤 계획을 갖고 계실까요? 언젠가 그 계획을 내가 알게 하시고 신실하게 이루어 가실 하나님을 기대해 봅니다.

약속을 받은 아브라함

큰 홍수의 심판으로도 사람들의 죄와 죽음의 문제는 해결되지 않았어요. 사람들은 여전히 '자기의 생각대로' 살아갔고, 하나님이 없는 사람의 나라를 세우기 시작했답니다. 하지만 하나님은 이런 아담의 자손들을 포기하지 않으셨어요. 하나님은 아주 조용히 한 사람, 아브라함을 선택하셨지요.

아브라함은 원래 하나님이 아니라 여러 우상을 섬기는 곳에서 태어났어요. 그런데 어느 날 하나님이 아브라함의 꿈속에 나타나셔서 이렇게 말씀하셨어요.

"너는 너의 고향과 아버지의 집을 떠나 내가 네게 보여 줄 땅으로 가라."

옛날에는 대부분 태어난 곳에서 평생을 살다 죽었답니다. 더욱이 75세 된 노인이 익숙한 고향을 떠나 목적지도 모른 채 길을 나선다는 것은 매우 어려운 일이었어요. 하지만 아브라함은 자신을 부르신 하나님을 믿었어요. 그리고 그 말씀에 순종하여 위대한 믿음의 여행을 시작했지요. 아브라함은 긴 여정 끝에 하나님이 가라고 명령하신 약속의 땅, 가나안에 드디어 도착했어요.

하나님은 아브라함에게 밤하늘의 별을 보여 주시며 그의 눈에 보이는 별처럼 수많은 자손을 주시겠다고 약속하셨어요. 그것은 아브라함에게 특별한 자격이 있어서가 아니었어요. 그저 하나님이 아브라함을 선택하시고, 그를 통하여 하나님의 백성을 이루시겠다고 작정하신 거예요.

아브라함은 75세 때 처음으로 하나님께 약속을 받았어요. 그리고 100세가 되어서야 겨우 이삭 한 명을 얻었답니다. 단 한 명일 뿐이었지만 아브라함의 아들 이삭은 하나님이 주신 약속의 시작이었어요. 그리고 그 약속은 아브라함과 그의 가족만을 위한 것이 아닌, 더 큰 계획의 시작이었지요. 아브라함의 자손으로 태어날 예수님을 통하여 모든 사람을 구원하려는 계획의 시작이었답니다.

아브라함의 아들 이삭은 리브가와 결혼하여 쌍둥이 에서와 야곱을 낳았어요. 그리고 형 에서에게 속임수로 큰아들의 자격을 빼앗은 동생 야곱은 열두 명의 아들을 낳았어요. 훗날 이 야곱의 열두 아들은 이스라엘 민족의 열두 지파가 된답니다.

하나님은 야곱을 통하여 이스라엘이라는 큰 민족을 만들 계획을 세우셨어요. 이를 위하여 하나님은 야곱의 아들 요셉을 선택하여 사용하셨지요. 야곱은 그의 아들 중 요셉을 특별히 사랑했어요. 그런 요셉을 질투한 형들은 아버지 몰래 요셉을 이집트애굽의 노예로 팔아 버렸답니다. 하지만 하나님은 노예였던 요셉이 이집트의 총리가 되게 하셨어요. 그리고 최악의 흉년이 든 때, 야곱의 가족들을 이집트로 인도하여 살게 하셨답니다. 이집트는 나일강이 흐르고 날씨가 따뜻한 풍요로운 땅이었어요. 바로 그곳에서 야곱의 가족은 400여 년 동안 자녀를 낳아 키우며 어른 남자만 60만 명에 이르는 큰 민족이 되었지요.

너는 너의 고향을 떠나
내가 보여 줄 땅으로
가라.
네!
말씀대로 떠나겠습니다.
너는 큰 민족이
될 것이다.

약속의 땅을 향한 여행

400여 년의 시간이 흐르고 요셉을 모르는 파라오가 이집트를 다스리게 되었어요. 그는 이스라엘 민족이 커지는 것이 두려웠답니다. 그래서 이스라엘 사람들에게 힘든 노동을 시키며 괴롭혔고, 심지어는 태어나는 남자 아이를 모두 죽이라는 끔찍한 명령까지 내렸어요. 이스라엘 민족은 고통 속에서 하나님께 부르짖어 기도했지요. 그러자 하나님은 마치 아브라함 한 사람을 선택하여 부르셨던 것처럼, 이스라엘 백성 중에서 모세를 부르셨어요. 하나님의 백성 이스라엘이 약속의 땅 가나안으로 돌아갈 때가 된 것이었답니다.

하나님이 고통받는 이스라엘 백성들을 구원하기 위해 모세를 부르셨을 때 그는 80세였어요. 하나님은 모세에게 나타나셔서 이스라엘 백성들을 이집트에서 구출해 내어 기름지고 비옥한 가나안 땅으로 이끌어 가시겠다고 말씀하셨어요.

모세는 한때 이집트 공주의 양아들로 자란 자신만만한 청년이었지만, 하나님이 부르셨을 때는 광야에서 양을 치는 한낱 늙은 목자였을 뿐이었지요. 모세는 자신이 할 수 있는 게 아무것도 없다는 것을 알았어요. 다만 하나님만 의지한 채 이집트로 돌아갔답니다. 그리고 자신의 친형 아론과 함께 파라오 앞에 서서 당당하게 말했어요.

"이제 하나님의 백성들이 광야로 가서 하나님을 예배하려고 합니다. 우리를 내보내 주십시오."

하지만 파라오는 이스라엘 백성들을 내보내지 않았어요. 오히려 이스라엘을 전보다 더 많이 괴롭혔지요.

그런 파라오에게 하나님은 재앙을 내리십니다. 나일 강의 물이 피가 되는 재앙, 개구리 재앙, 이 재앙, 파리 재앙, 가축이 죽는 재앙, 악성 종기 재앙, 우박 재앙, 메뚜기 재앙, 흑암 재앙, 이렇게 아홉 가지의 재앙을 내리셨어요. 이집트 땅은 거의 폐허가 되었지만, 파라오는 고집을 부리며 이스라엘 백성들을 내보내지 않았어요.

하나님은 마지막 재앙을 내리셨어요. 이집트의 모든 맏아들이 하룻밤 사이에 죽어 버렸습니다. 하나님은 마지막 재앙을 내리기 전, 이 재앙을 피하려면 어린 양을 잡아 그 피를 집 문에 바르라고 하셨어요. 하나님의 말씀을 듣고 어린 양의 피를 바른 이스라엘의 집에서는 맏아들이 죽지 않았답니다. 파라오는 그제야 후회하며 이스라엘 민족을 보냈어요.

우리를 내보내 주십시오.

하나님의 백성다워지는 시간

이스라엘 백성들은 이 모든 기적을 바라보며 하늘의 하나님이 어떤 분이신지 경험했어요. 이스라엘 백성들은 당당하게 이집트를 나와 홍해 앞에 섰어요. 열 가지 재앙의 기적을 보여 주신 하나님은 홍해를 갈라서, 자기 백성들이 마른 땅을 밟고 건너게 하셨지요. 그리고 다시 마음이 악해져서 뒤쫓아오는 파라오와 그의 군대를 물로 덮어 버리셨어요. 홍해를 건너온 이스라엘 백성들은 이제 이전과는 다른 진짜 하나님의 백성이 된 것 같았지요.

이집트에서 가나안까지는 열흘쯤이면 걸어서 갈 수 있는 길이었어요. 하지만 이스라엘 백성들은 이집트를 나와 광야에서 40년을 머물게 된답니다. 하나님의 백성으로 선택받아 이집트를 나오긴 했지만, 그들에게는 하나님의 백성다워지는 시간이 필요했기 때문이에요.

하나님은 불기둥과 구름기둥으로 이스라엘을 인도하시고, 매일 만나와 메추라기를 내려 그들을 먹이셨어요. 하나님이 구름기둥을 움직이시면 가고, 멈추시면 서는 일을 반복하면서 이스라엘 백성들은 하나님의 뜻에 순종하는 법을 배웠어요. 날마다 내려 주시는 만나와 메추라기를 먹으며 하나님만 의지하는 법도 배웠어요. 광야에서의 40년은 이스라엘이 하나님 나라의 백성다워지는 시간이었답니다.

Q&A

이야기 속에서 답을 찾아보세요.

1. 아브라함이 하나님의 말씀을 듣고 여행을 시작한 것과, 하늘의 별과 같이 자손을 주시겠다는 하나님의 말씀을 받아들인 것을 무엇이라고 할까요?

   - 믿음이라고 합니다.

   * 핵심 포인트: 이야기를 통하여 '믿음'이 무엇인지를 가르치고자 합니다. 성경에서 강조하는 '믿음'이 무엇인지를 이야기 속에서 다양한 측면으로 이해합니다.

2. 이스라엘 백성들이 광야에서 불기둥과 구름기둥을 따라 걷고, 하나님이 매일 내려주시는 만나와 메추라기를 먹으면서 배운 것은 무엇이었나요?

   - 하나님 뜻에 순종하는 법, 하나님만 의지하는 법입니다.

   * 핵심 포인트: 하나님께서 정말로 원하신 것은 하나님을 왕으로 모신 백성, 하나님의 뜻에 순종함으로 살아가는 백성이었습니다. 광야에서 이것을 40년 동안 가르치고 계신 하나님의 마음을 상상해 보는 것도 좋습니다.

이야기를 읽고 곰곰이 생각해 보세요.

3. 아브라함과 모세를 자세히 살펴보세요. 하나님의 계획에 따라 쓰이는 사람은 어떤 특징을 가지고 있나요?

인물	하나님께 부르심을 받았을 때의 모습	부르심에 대한 태도	부르심의 결과
아브라함	75세 노인	약속을 믿음.	100세에 이삭을 낳음. '믿음의 조상'이라 불림. 훗날 아브라함의 자손으로 예수님이 태어남. (마리아에게 성령으로 잉태됨)
모세	40세 때 살인을 저지르고 도망자가 되어 40년을 광야에서 양을 치는 목자로 지내다가 80세 때 부르심을 받음.	하나님을 믿고 순종함.	이스라엘 민족이 이집트를 나와 약속의 땅, 가나안으로 향해 감.

   - 내 힘으로 무언가 할 수 없는 상태에 있음, 믿음이 있음, 말씀 그대로 순종함 등입니다.

   * 핵심 포인트: 이야기 속의 인물 중 아브라함과 모세의 이야기를 통하여 하나님께서 일하시는 방식을 살펴보고자 합니다. 하나님께서는 말씀하시고, 그 말씀에 순종하는 사람들을 통하여 일하십니다. 그들이 받은 진정한 복은 무엇일까요? 그들은 그 역사 가운데 하나님을 보았을 것이고, 그로 인하여 감격스러운 삶을 살았을 것입니다. 때로는 하나님께 쓰임 받는 것이 무슨 유익이 있나 생각할 수도 있습니다. 하지만 이 질문을 깊이 다루며 각자 하나님께 쓰임 받는 삶을 소망하게 되길 바랍니다.

4. 하나님은 모든 사람의 삶을 계획하고 인도하십니다. 하나님이 나의 삶에는 어떤 계획을 세우시고 인도하실까요?

   - 하나님을 믿는 믿음을 갖게 하시고 하나님을 위해 살아가는 꿈을 주실 것입니다.

   * 핵심 포인트: 하나님은 하나님의 뜻과 인도하심에 순종하는 사람을 통하여 하나님의 일을 이루어 가십니다. 하나님께서 나의 삶을 어떻게 인도하실지 기대하며 자유롭게 이야기를 나누기 바랍니다.

성경 놀이

1. 아브라함의 믿음 따라

① 안대를 쓰고 아브라함처럼 믿음의 모험을 떠나는 놀이입니다.
② 두 명씩 짝을 이루어 한 사람은 안대를 쓰고 아브라함이 됩니다. 다른 사람은 하나님이 되어 아브라함을 인도합니다.
③ 앞 사람은 하나님의 지시를 받아 고향을 떠난 아브라함을 상징하고, 뒷사람은 아브라함을 인도하고 보호하신 하나님을 상징합니다.
④ 아브라함은 두 팔을 겹쳐 올려서 얼굴을 보호하는 범퍼를 만듭니다.
⑤ 하나님은 아브라함 뒤에 서서 두 손을 아브라함의 어깨에 올려서 어깨의 방향을 조절하며 아브라함을 인도합니다.
⑥ 처음에는 발을 바닥에 끌면서 이동하다가, 익숙해지면 선생님의 지시에 따라 발걸음을 떼서 걷고, 다음으로 빠른 걸음으로 이동합니다. 마지막 단계에서는 뛰면서 돌아다니도록 도전합니다.
⑦ 놀이 후에는 아브라함 역할을 했던 친구가 소감을 발표합니다. 앞이 안 보이는 상황에서 뒷사람에게 자신을 믿고 맡겼듯이, 아브라함이 하나님을 믿고 의지하였기에 믿음의 모험을 떠날 수 있었다는 것을 강조합니다.

2. 유월절 어린양 아래로

① 선생님 또는 친구들이 던지는 훌라후프를 통과하는 놀이입니다.
② 훌라후프는 이스라엘이 문설주에 바른 양의 피를 상징합니다.
③ 학생들은 두 손을 머리 위로 올리고 손바닥을 모아서 훌라후프 안으로 들어갈 준비를 합니다.
④ 선생님은 가까운 거리에서부터 훌라후프를 던져 학생이 그 속으로 들어가게 합니다.
⑤ 모두 성공하면 한 걸음씩 뒤로 가서 거리를 멀게 하여 훌라후프를 던집니다.
⑥ 학생이 훌라후프를 던지고 선생님과 다른 친구들이 들어가는 방법도 좋습니다.
⑦ 다른 놀이로 일정한 거리에서 신발을 던져 훌라후프 안으로 넣는 것도 재미있습니다. (예: 신발을 손으로 던지기, 발로 던지기, 뒤로 돌아서 머리 위로 던지기, 뒤로 돌아서 가랑이 사이로 던지기 등)
⑧ 놀이 후에는 이스라엘 백성이 양의 피를 문설주에 발라 재앙을 피하고 구원받았듯이, 우리도 예수님을 믿는 믿음으로 구원받을 수 있음을 알게 합니다.

5과 이스라엘 나라를 세우셨어요

학습 목표

가. 하나님이 이스라엘이라는 나라를 세우시고 하나님의 뜻과 약속을 나타내심을 알 수 있다.

나. 계속해서 죄를 짓는 이스라엘을 포기하지 않으시는 하나님의 사랑을 느낄 수 있다.

성경 범위 여호수아~역대하

주요 단어 가나안, 약속, 제사장 나라, 우상 숭배, 다윗, 성전, 심판, 선지자, 소망

초롱이 만화

★ 진행 1: 아이들이 초롱이 이야기를 살펴보고 선생님의 퀴즈를 맞힙니다.

"오늘은 5과 '이스라엘 나라를 세우셨어요' 이야기를 선생님이 들려줄 거예요. 우선, 초롱이 만화를 읽어 보세요. 다 읽었으면 이제 교재를 덮고 퀴즈를 맞혀 봅시다. 첫 번째 퀴즈! 이스라엘은 광야에서 몇 년간 살았나요? (답: 40년) 두 번째 퀴즈! 이스라엘이 가나안에서 섬긴 우상으로 초롱이 만화에는 무엇이 나왔나요? (답: 금송아지) 세 번째 퀴즈! 교재에 나온 이스라엘의 두 왕은 누구인가요? (답: 다윗왕, 솔로몬왕) 맞아요. 잘했어요."

★ 진행 2: 초롱이 만화를 통해 오늘 배울 성경 이야기를 소개합니다.

"초롱이는 성경을 보며 이스라엘 나라 이야기에 깜짝 놀랐어요. 하나님께서 이집트에서 노예로 살았던 이스라엘 백성을 자유인으로 해방해 주시고 가나안 땅을 선물로 주셨어요. 무엇보다 그들을 하나님 나라의 백성으로 삼아 돌봐 주겠다고 약속하셨어요. 그런데 이스라엘 백성은 하나님의 은혜를 잊어버리고 가나안 사람들이 믿는 우상들을 섬기며 하나님을 떠났어요. 하나님은 애타는 마음으로 이스라엘 백성이 하나님께로 돌아오기를 간절히 바라셨지요.

오늘 우리는 이스라엘 나라의 이야기를 들을 거예요. 이 이야기에서 이스라엘이 왜 하나님이 아닌 다른 우상을 섬겼는지 알아봅시다. 그리고 뒤이어 이스라엘의 죄악과 반역에도 불구하고 이스라엘 백성을 끝까지 사랑하시는 하나님을 만나 봅시다."

성경 이야기 해설

가나안은 하나님이 아브라함과 이삭과 야곱과 모세에게 주겠다고 약속하신 땅입니다. 하나님은 이집트의 노예로 고통당하는 이스라엘을 구원하시고 약속의 땅인 가나안을 선물로 주셨습니다. 그리고 이스라엘을 하나님의 거룩한 백성으로 삼으시고 제사장 나라로 세우셔서 하나님의 축복을 나누어 주는 나라가 되게 하셨습니다.

'너희의 나라는 나를 섬기는 제사장 나라가 되고, 너희는 거룩한 민족이 될 것이다.' 너는 이 말을 이스라엘 자손에게 일러주어라. _ 출애굽기 19:6

그러나 가나안에 정착한 이스라엘 백성들은 가나안의 이방 신들을 우상 숭배하며 하나님을 멀리 떠나고, 하나님의 말씀에 순종하지 않았습니다. 그리고 하나님의 왕 되심을 거부하고 다른 나라와 같이 사람이 왕이 되는 나라를 만들려 하였습니다. 그들의 요구로 세워진 왕들은 대부분 하나님을 두려워하지 않고 우상을 숭배하며 백성들을 괴롭혔습니다.

여러 왕 중에서 다윗왕은 하나님께 '하나님의 마음에 합한 사람'이라는 칭찬을 받았습니다. 다윗은 하나님을 경외하고 사랑했으며, 고난 중에서도 하나님을 신뢰하고 예배드리기를 기뻐하였습니다. 또 이스라엘의 우상 숭배를 금지하였고 백성들을 정성껏 돌보며 정의롭게 나라를 다스렸습니다. 그의 아들인 솔로몬도 백성들을 잘 다스리게 해 달라고 하나님께 지혜를 구했으며, 하나님께 예배드릴 성전을 짓는 위대한 업적을 남겼습니다.

그러나 솔로몬왕의 타락과 함께 이스라엘 백성들은 점점 하나님을 멀리하게 됩니다. 그들은 점점 하나님이 아닌 여러 우상을 숭배하고 하나님의 말씀에 순종하지 않았습니다. 제멋대로 살아가며 욕심에 따라 온갖 죄악을 저지르고 약한 사람들을 괴롭히며 하나님의 마음을 아프게 하였습니다. 하나님은 이스라엘 백성에게 여러 선지자를 보내 돌아오라고 말씀하셨지만, 그들은 귀를 막고 오히려 선지자들을 죽이기까지 하였습니다. 결국 이스라엘은 하나님의 심판을 받아서 멸망하였으며 수많은 사람이 강대국의 포로로 잡혀갔습니다.

그러나 하나님은 이스라엘을 끝까지 사랑하셨으며 그들을 구원하고자 하시는 계획을 포기하지 않으셨습니다. 포로로 끌려간 이스라엘 백성에게 다시 고향으로 돌아가게 될 것이라는 소망의 말씀을 주셨고, 위대한 왕이신 예수님을 이 땅에 보내서 온 세상을 구원하고 회복시키겠다고 약속하셨습니다. 우리는 5과 이야기를 통해 하나님이 이스라엘과 약속을 맺으시고 그 약속을 지키신다는 사실과, 이스라엘을 포기하지 않고 끝까지 돌보시는 하나님의 사랑을 발견할 수 있습니다.

가나안, 하나님이 약속하신 땅

광야에서 40년을 지내며 하나님의 백성으로 훈련받은 이스라엘은 드디어 하나님이 약속하신 가나안 땅에 들어가게 되었어요. 그들은 요단강이 멈추고 여리고 성이 무너지는 기적을 체험하며 가나안 땅에 들어갔어요. 그것은 이스라엘의 힘이 강해서가 아니라, 그들이 하나님을 믿고 순종했기 때문에 하나님이 승리를 주신 것이었어요. 그리고 하나님이 아브라함과 이삭과 야곱과 모세에게 가나안 땅을 주겠다고 하신 약속을 이루어주신 것이에요.

하나님은 이 약속을 이루기 위해 이집트에서 힘들게 노예 생활을 하던 이스라엘을 해방하여 주시고, 가나안 땅을 선물로 주셔서 자유인으로 살아가게 하셨어요. 이스라엘은 하나님을 섬기고 하나님의 말씀에 순종하며 하나님의 축복을 누리는 나라로 세워졌어요.

하나님은 모든 사람을 구원하고 이 세상을 회복하기 위해 한 사람, 아브라함을 선택하시고, 그의 후손들인 이스라엘을 하나님의 거룩한 백성으로 삼으셨어요. 이 거룩한 백성들을 통해 하나님이 다스리는 하나님 나라를 세상에 보여 주려고 하셨지요.

이제 이스라엘은 하나님의 축복을 세상 모든 사람에게 나누어주며 하나님과 그들을 이어주는 제사장 나라가 될 거예요. 이스라엘은 하나님을 알지 못하고 우상을 섬기며 죄악에 빠진 사람들에게 하나님과 하나님의 말씀을 전하고 가르쳐주는 나라가 될 거예요.

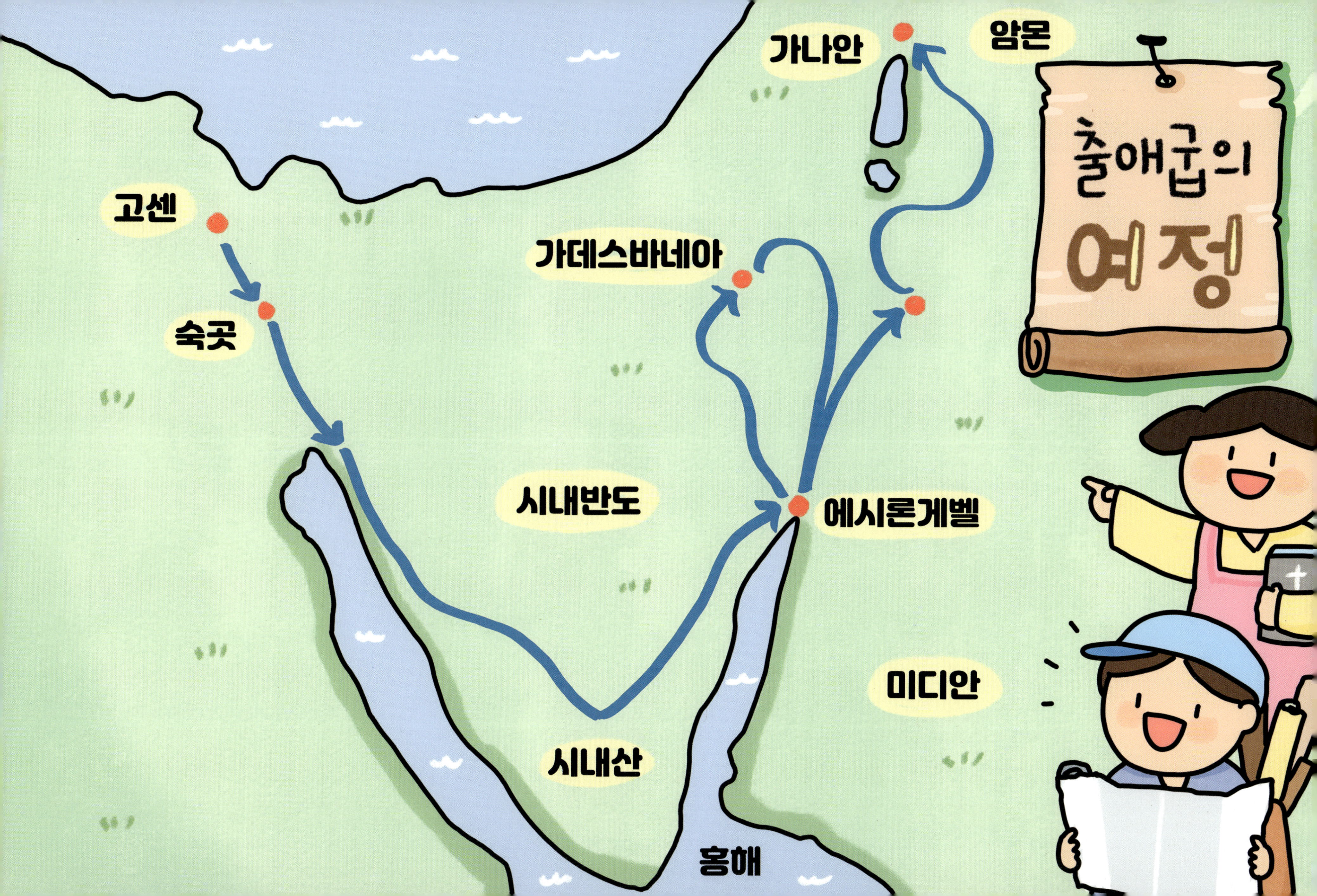
출애굽의 여정
가나안
암몬
고센
숙곳
가데스바네아
시내반도
에시론게벨
미디안
시내산
홍해

이스라엘 나라 이야기

이스라엘은 가나안 땅에 살면서 점점 하나님의 말씀에 순종하지 않고 하나님을 잊어버렸어요. 하나님을 믿는 믿음을 버리고 가나안 땅의 우상인 바알이라는 신을 숭배하며 온갖 나쁜 짓을 저질렀어요. 하나님의 말씀과 상관없이 자기 생각과 욕심에 따라 죄를 지으며 살아갔어요.

이스라엘은 주변의 다른 나라와 같이 사람이 왕이 되는 나라를 만들었어요. 하나님이 다스리는 것보다 사람이 왕이 되는 나라가 더 강하고 멋지다고 생각하였지요. 이스라엘의 첫 번째 왕으로 사울이 세워졌어요. 그는 처음에는 겸손하게 하나님의 말씀을 따르며 이스라엘을 다른 나라의 괴롭힘으로부터 구해주었어요. 그러나 시간이 흐르며 교만해져서 하나님의 은혜를 잊어버리고 하나님의 말씀에 순종하지 않았어요.

하나님은 사울 대신 다윗을 왕으로 세우셨어요. 다윗은 소년이었을 때 하나님을 조롱하였던 거인 골리앗에 맞서서 싸운, 하나님을 경외하고 사랑하는 사람이었어요. 다윗은 왕이 되어 이스라엘 12개의 지파를 하나의 공동체로 통일하고 강한 나라를 만들었어요. 가나안 땅에서 바알과 같은 우상을 숭배하지 못하게 하고, 백성들을 정성껏 돌보며 정의롭게 나라를 다스렸어요. 그래서 하나님은 다윗에게 다윗의 가문을 지켜주시고 그의 후손을 통해 이 세상을 구원할 위대한 왕을 보내실 것이라고 약속하셨어요.

그 후 다윗의 아들 솔로몬이 왕으로 세워졌어요. 솔로몬은 하나님께 지혜를 구하며 이스라엘 나라를 잘 다스릴 수 있게 해달라고 기도했어요. 하나님은 이 기도를 기뻐하시고 그가 구한 지혜뿐만 아니라 부귀와 영광도 함께 주셨어요. 솔로몬의 위대한 업적 가운데 하나는 예루살렘에 하나님께 예배드리는 성전을 지은 것이에요. 이 성전은 하나님이 이스라엘과 함께하신다는 상징이었고, 이스라엘은 이 성전을 중심으로 하나님을 예배하며 살아갔어요. 또한 이 성전에서 이스라엘뿐만 아니라 모든 사람이 하나님께 나아와 예배할 수 있게 되었어요. 이스라엘이 제사장 나라가 되어 모든 사람에게 하나님의 말씀을 가르쳐주며 축복을 나누어주는 나라가 되는 것 같았어요.

이스라엘의 심판과 멸망

솔로몬은 처음에는 하나님과 백성들을 사랑하는 훌륭한 왕이었지만, 나이가 많아지면서 점점 하나님을 떠났어요. 그는 화려한 왕궁을 짓기 위해 백성들에게 힘든 노동을 시켰고, 하나님을 의지하기보다 자신의 군대와 힘을 의지했어요. 또 하나님을 믿지 않는 수많은 다른 나라의 여인을 사랑하여 아내로 맞아들였어요. 어느새 그 여인들이 믿는 우상들을 솔로몬이 숭배하게 되었고, 이러한 우상숭배는 이스라엘 전체 백성에게 퍼져나가 하나님만을 섬기는 믿음이 흔들리게 되었어요. 하나님은 솔로몬에게 두 번이나 나타나셔서 우상을 섬기지 말고 하나님께로 돌아오라고 말씀하셨지만, 솔로몬은 하나님의 말씀을 따르지 않았어요.

그 후, 하나의 왕국이었던 이스라엘 나라는 북왕국 10개 지파과 남왕국2개 지파으로 나누어졌어요. 마치 우리나라가 남한과 북한으로 나누어진 것처럼요. 그리고 서로 미워하는 사이가 되어 자주 전쟁을 벌였고, 많은 백성들이 죽거나 다쳤어요. 두 왕국 대부분의 왕이 하나님을 두려워하지 않고 우상을 숭배하며 백성들을 괴롭혔어요.

하나님은 악한 왕들에게 경고하고 하나님을 떠난 이스라엘 백성들을 회개시키기 위해 엘리야, 엘리사, 이사야, 예레미야 등 많은 선지자를 보냈어요. 하지만 그들은 선지자들의 말을 듣지 않고 오히려 그 선지자들을 때리고 죽이기까지 하였어요. 또한 이스라엘의 힘 있는 사람들은 외국인, 고아, 과부와 같이 가난하고 약한 사람들을 심하게 괴롭혔어요.

결국 이스라엘은 하나님의 심판을 받아서 북왕국은 앗수르에게, 남왕국은 바벨론에게 멸망했어요. 하나님의 성전은 완전히 파괴되고, 성벽은 무너졌으며, 수많은 사람이 포로로 잡혀갔어요.

그러나 하나님은 이스라엘과 모든 사람을 구원하시려는 계획을 포기하지 않으셨어요. 선지자들을 통해 이스라엘의 잘못을 꾸짖고 심판을 경고하셨지만, 동시에 포로로 끌려간 이스라엘이 다시 고향으로 돌아올 것이라는 소망의 말씀도 주셨어요. 아울러 한 위대한 왕을 이 땅에 보내셔서 이스라엘과 온 세상을 구원하고 회복하겠다고 약속하셨어요.

Q&A

이야기 속에서 답을 찾아보세요.

1. 하나님이 보시기에 다윗은 어떤 사람이었나요? 사도행전 13:22

- 하나님의 마음에 쏙 드는 사람(하나님의 마음에 맞는 사람, 하나님을 사랑하는 사람)이었습니다.

＊ 핵심 포인트: 아이들이 성경에서 신앙의 롤 모델을 발견하게 하고, 다윗의 삶을 통해서 하나님이 칭찬하시는 성도의 모습을 살펴봅니다.

그 다음에 하나님께서는 사울을 물리치시고서, 다윗을 그들의 왕으로 세우시고, 증언하여 말씀하시기를 '내가 이새의 아들 다윗을 찾아냈으니, 그는 내 마음에 드는 사람이다. 그가 내 뜻을 다 행할 것이다' 하셨습니다. _ 사도행전 13:22

2. 하나님은 이스라엘이 어떤 나라가 되기를 원하셨나요? 출애굽기 19:6

- 하나님을 왕으로 섬기고 하나님의 말씀에 순종하는 거룩한 나라, 하나님의 말씀을 가르쳐 주고 축복을 나누어 주는 제사장 나라가 되기를 원하셨습니다.

＊ 핵심 포인트: 하나님이 이스라엘 나라를 세우신 이유를 이해하고, 지금 우리가 세워 가야 할 하나님 나라의 모습을 살펴봅니다.

'너희의 나라는 나를 섬기는 제사장 나라가 되고, 너희는 거룩한 민족이 될 것이다.' 너는 이 말을 이스라엘 자손에게 일러주어라. _ 출애굽기 19:6

이야기를 읽고 곰곰이 생각해 보세요.

3. 이스라엘의 왕과 백성들은 왜 하나님을 떠나 하나님의 말씀에 순종하지 않았을까요? 사사기 21:25, 이사야 47:10

- 하나님을 섬기기 싫고 자신이 왕이 되고 싶어서, 하나님 말씀에 순종하기보다 자신의 생각과 욕심을 따라 살고 싶어서입니다.

＊ 핵심 포인트: 이스라엘의 계속되는 반역과 죄악을 통해서, 선악과 사건에서 알 수 있었던 인간의 뿌리 깊은 죄를 조명하고자 하였습니다.

그 때에는 이스라엘에 왕이 없었으므로, 사람들은 저마다 자기의 뜻에 맞는 대로 하였다. _ 사사기 21:25

네가 악한 일에 자신만만 하여 '아무도 나를 감시하지 않는다' 하였다. 너의 지혜와 너의 지식이 너를 잘못된 길로 들어서게 하였고, 너의 마음 속으로 '나보다 더 높은 이가 없다'고 생각하게 하였다. _ 이사야 47:10

"그러므로 너는 이제 유다 사람과 예루살렘 주민에게 전하여라. '나 주가 말한다. 내가 너희에게 내릴 재앙을 마련하고 있으며, 너희를 칠 계획도 세우고 있다. 그러므로 너희는 어서, 각기 자신의 사악한 길에서 돌이키고, 너희의 행동과 행실을 고쳐라.' 네가 이렇게 말하면, 그들은 이르기를 '그럴 필요 없다. 우리는 우리 생각대로 살아가겠다. 우리는 각자 자신의 악한 마음에서 나오는 고집대로 행동하겠다' 할 것이다." _ 예레미야 18:11, 12

4. 이스라엘의 계속되는 반역과 죄악을 보시는 하나님의 마음은 어떠하셨을까요? 마태복음 23:37

- 너무나 사랑하는 이스라엘이 계속해서 자신을 거역하며 떠나는 모습에 마음이 아프셨을 것입니다.

＊ 핵심 포인트: 자신을 떠난 이스라엘을 돌이키고자 끊임없이 설득하고 달래는 하나님의 모습에서 자녀를 포기하지 않고 끝까지 구원하고자 하시는 하나님의 사랑을 느끼는 질문입니다.

예루살렘아, 예루살렘아, 네게 보낸 예언자들을 죽이고, 돌로 치는구나! 암탉이 병아리를 날개 아래 품듯이, 내가 몇 번이나 네 자녀들을 모아 품으려 하였더냐! 그러나 너희는 원하지 않았다. _ 마태복음 23:37

※ 제사장 나라(Kingdom of Priest): 하나님을 섬기기 위해 특별히 선택된 하나님의 왕국(출애굽기 19:6), 하나님과 이방 사이의 중재 역할을 하는 나라인 '이스라엘'을 지칭한다. 특히 이 말 속에는 그 구성원들에게 모두 하나님께 봉사하며 섬기는 사명이 있음이 암시되어 있다. (라이프성경사전)

성경 놀이

1. 다윗왕 한 걸음

① 다윗왕이 되어 우상을 물리치는 놀이입니다.
② 아이들 중에 다윗왕을 한 명 정하고, 다윗왕은 왕관 또는 헤어밴드를 착용합니다.
③ 다윗왕을 제외한 다른 사람들은 우상이 되어 다윗왕을 피해 도망가야 합니다.
④ 다윗왕이 "한 걸음" 하고 크게 외치며 한 걸음 움직이면 우상들도 "한 걸음" 하고 외치며 한 걸음만 움직일 수 있습니다.
⑤ 다윗왕은 한 걸음씩 걸어가서 가까운 우상을 뿅망치로 터치합니다. 이때 세게 때리지 않도록 주의합니다.
⑥ 다윗왕에게 붙잡힌 사람은 그 자리에서 회개(팔 벌려 높이뛰기 10회)를 하고 작은 다윗왕이 되어 제자리에 다리를 고정하고 두 팔을 벌려 다른 사람들을 터치합니다.
⑦ 다른 우상을 모두 터치하면 놀이가 끝납니다. 교대로 다윗왕 역할을 하면서 놀이를 이어 갑니다.
⑧ 공간이 좁을 경우, 다윗왕이 한 걸음 이동할 때 우상들은 두 걸음 움직입니다.
⑨ 공간이 넓으면 모두 두 걸음씩 이동하거나 뒤로 한 걸음 이동하기 등 자유롭게 응용할 수 있습니다.
⑩ 놀이 후에는 우상을 물리치기 위해 어떤 노력을 해야 하는지 함께 이야기를 나눕니다.

2. 우상을 떼어 내라

① 포스트잇에 나의 우상 또는 죄를 적고 얼굴에 붙인 후 떼어 내는 놀이입니다.
② 이스라엘 백성이 섬겼던 우상 또는 죄를 떠올리며 포스트잇에 한 가지씩 적습니다.
③ 선생님이 학생들의 이마에 포스트잇을 붙이면 학생들은 뒷짐을 진 상태에서 입으로 바람을 불어 포스트잇을 떼어 내야 합니다.
④ 이때 절대로 머리나 몸을 흔들어서는 안 되고 오직 입바람만으로 떼어 내야 합니다.
⑤ 포스트잇이 잘 떨어지지 않으면 선생님의 신호와 함께 점프해서 뗍니다. 그래도 안 되면 다음 단계로 머리를 흔들어서 뗄 수 있습니다.
⑥ 포스트잇을 가장 먼저 뗀 사람이 승리합니다.
⑦ 놀이를 변형하여 얼굴 표정으로만 포스트잇을 떼는 방법도 있습니다.
⑧ 놀이 후에는 우리에게도 우상 숭배와 나쁜 죄가 붙어 있지는 않은지 돌아봅니다.

6과 왕이 오실 것이라 약속하셨어요

학습 목표

가. 하나님이 약속대로 포로가 된 이스라엘 백성을 고향으로 돌아오게 하셨다는 사실을 알 수 있다.

나. 왕이신 예수님을 보내셔서 이 세상을 구원하고 하나님 나라를 세울 것이라고 말씀하신 하나님의 약속을 알 수 있다.

성경 범위 에스라~말라기

주요 단어 바벨론 포로, 다니엘, 재건, 약속, 왕, 예수님, 하나님 나라

초롱이 만화

★ 진행 1: 학생들이 초롱이 이야기를 살펴보며 다니엘과 세 친구 이야기가 무슨 내용인지 살펴보게 합니다.

"오늘은 6과 '왕이 오실 것이라 약속하셨어요' 이야기를 선생님이 들려줄 거예요. 우선 초롱이 만화를 읽으며, 바벨론의 포로로 끌려간 다니엘과 세 친구에게 어떤 일이 일어났는지 살펴봅시다."

★ 진행 2: 초롱이 만화를 통해 하나님이 포로 생활 중인 이스라엘 백성을 지켜 주신 것처럼, 하나님을 의지하고 사랑하는 사람을 끝까지 지키시고 돌보신다는 것을 알려 줍니다.

"지난 이야기에서 이스라엘 백성이 하나님을 반역하고 계속 죄를 지어서 심판받았다는 사실을 들었어요. 이스라엘은 멸망하였고 많은 백성이 바벨론 나라의 포로로 끌려갔지요. 그러나 그들은 고난 속에서 잘못을 뉘우치고 하나님을 믿는 믿음을 지켰어요. 여기 그림에 나온 다니엘과 세 친구는 하나님을 믿는 믿음을 지키다가 불타는 화덕에 던져지는 고난을 겪었어요. 바벨론 왕이 자신을 뽐내기 위해 금으로 신상을 만들고 모든 백성에게 그 신상에 절하라고 명령하였어요. 그리고 만약 신상에 절하지 않으면 화덕에 태워 버리겠다고 했어요.

다니엘과 친구들은 하나님 외에 다른 신에게 절하지 않기로 결심하였기에, 신상에게 절하지 않았어요. 이에 화가 난 바벨론 왕은 다니엘과 세 친구를 화덕에 넣어 버렸지요. 하지만 하나님은 다니엘과 친구들이 화덕에 타지 않도록 지켜 주셨어요. 그리고 이 신기한 일을 겪으며 바벨론 왕이 오히려 하나님을 찬양하는 일이 일어났어요.

하나님이 다니엘과 세 친구를 지켜 주신 것처럼, 하나님을 믿고 의지하는 사람들을 끝까지 지키고 도와주세요. 또한 하나님은 한 번 약속하신 것은 꼭 지키시는 분이에요. 그 하나님이 선생님과 여러분에게 놀라운 약속을 하셨어요. 오늘 선생님이 들려주는 이야기를 통해 그 약속이 무엇인지 발견해 봅시다."

성경 이야기 해설

6과 이야기에서는 하나님이 바벨론 포로 생활 중인 이스라엘 백성들을 지켜 주시고, 하나님이 예전에 약속하신 대로 그들을 다시 고향으로 돌아오게 하신 것을 알 수 있습니다. 그리고 하나님이 진정한 왕이신 예수님을 보내셔서 인류를 구원하고 이 세상을 회복하겠다고 말씀하신 약속을 배웁니다. 이어서 예수님이 다스리는 아름답고 완전한 하나님 나라를 살펴보며 그 나라를 소망하는 마음을 품게 합니다.

이스라엘은 계속되는 반역과 범죄로 하나님의 심판을 받아 나라가 멸망하고, 백성들은 바벨론의 포로로 끌려갔습니다. 그러나 하나님은 이스라엘을 버리거나 포기하지 않으셨습니다. 바벨론 포로 생활 중에도 그들을 지켜 주시고 다시 고향으로 돌아오게 할 것이라 약속하셨습니다. 이스라엘은 잘못을 뉘우쳤고 다니엘과 세 친구처럼 믿음을 굳게 지켰습니다.

하나님의 약속대로 고향으로 돌아온 이스라엘은 제일 먼저 하나님께 예배드릴 성전을 지었습니다. 그리고 하나님의 말씀을 부지런히 배우며, 오직 하나님 한 분만을 섬기기로 다짐하고 한마음이 되어 무너진 성벽을 다시 쌓아 이스라엘 나라를 재건했습니다.

구약의 여러 선지자는 하나님이 위대한 왕을 이 세상에 보내기로 약속하셨다고 선포했습니다. 그리고 그 왕이 모든 세상에 구원의 빛이 될 것이고 이 땅에 하나님 나라를 세울 것이라고 전하였습니다. 그 왕이 바로 하나님의 아들이신 예수님입니다.

선지자들은 또한 왕이신 예수님이 세우시고 다스리시는 하나님 나라를 이야기해 주었습니다. 그 왕이 다스리는 하나님 나라는 미움과 다툼이 없는, 사랑과 평화가 가득한 나라입니다. 그 왕은 하나님이 아름답게 창조하셨지만 죄로 훼손되고 고통 받는 이 세상을 다시 아름답고 완전하게 회복시키실 것입니다. 6과 이야기를 통해 우리는 2,000년 전에 이 땅에 오신 예수님이 구약에서 하나님이 약속하신 왕이었음을 알 수 있습니다. 아울러 예수님이 오셔서 다스리실 하나님 나라를 꿈꾸고 소망할 수 있습니다.

다시 세워지는 이스라엘 나라

하나님은 하나님의 거룩한 백성들로 이스라엘 나라를 세우셔서, 하나님의 영광과 이름을 세상 사람들에게 나타내고 그들을 구원하고자 하셨어요. 그러나 이스라엘이 하나님을 떠나 죄를 지으며 거룩한 백성으로서의 빛을 잃어버리자, 이러한 계획은 실패할 위기에 처했어요. 하나님은 계속되는 이스라엘의 잘못을 용서해주시고 그들이 하나님께 돌아오기를 간절히 기다리셨지만, 더 이상 이스라엘의 반역을 참으실 수 없었어요.

하나님의 심판을 받아 멸망한 이스라엘 백성들은 여러 나라로 흩어지고, 바벨론에 끌려가 포로로 살아갔어요.

그러나 하나님은 이스라엘을 버리거나 포기하지 않았어요. 70년이 지나면 다시 고향으로 돌아오게 하겠다고 약속하셨지요. 포로로 끌려간 백성들은 하나님이 약속하신 말씀을 믿고, 잘못을 회개하며, 하나님을 믿는 믿음을 지켰어요. 다니엘과 세 친구는 바벨론의 우상들을 섬기지 않았고, 이로 인해 풀무불과 사자 굴에 던져져서도 믿음을 지켰어요. 하나님은 다니엘과 세 친구를 이러한 위험에서 지켜주셨듯이, 포로 생활을 하는 이스라엘 백성들을 보호해주셨어요. 그리고 하나님이 약속하신 때가 이르자 이스라엘 고향으로 돌아가게 하셨어요. 마치 옛날에 이집트에서 노예로 살았던 이스라엘이 해방되어 가나안으로 들어왔던 것과 같이, 바벨론에서 나와서 그리운 고향으로 돌아가게 된 것이지요.

고향으로 돌아와 보니 이스라엘 땅은 성전과 마을이 파괴되고 성벽이 무너진 상태로 오랫동안 버려져 있었어요. 하지만 백성들은 힘을 내서 이스라엘 나라를 다시 세우기 시작했어요. 무엇보다 그들이 제일 먼저 한 것은 하나님께 예배드릴 성전을 다시 짓는 일이었어요. 그들은 성전을 지으며 다시는 우상을 섬기지 않고 오직 하나님 한 분만을 섬기기로 다짐했어요. 그리고 하나님의 말씀으로 믿음을 굳게 세웠어요. 지도자들은 백성들에게 하나님의 말씀을 부지런히 가르쳤고, 백성들은 열심히 배우며 말씀대로 살려고 노력했어요. 다른 나라들의 위협 속에서도 이스라엘 백성들은 한마음이 되어 무너진 성벽을 다시 튼튼하게 세웠어요.

왕이 오신다는 약속

이스라엘 나라가 다시 세워진 이후 한동안 이스라엘은 하나님의 말씀을 잘 지켰어요. 그러나 시간이 흐르며 그들은 또다시 하나님을 잊어버리고, 우상을 숭배하며, 하나님의 말씀을 따르지 않았어요. 특히 성전에서 제사를 드리고 백성들에게 말씀을 가르치며 본이 되어야 할 제사장들이 오히려 하나님을 무시하고, 자신의 욕심을 채우고자 나쁜 짓을 저질렀어요. 구약의 마지막 선지자인 말라기는 이러한 이스라엘의 죄악을 경고하는 것으로 구약 성경을 마무리하고 있어요.

그리고 400여 년 동안 하나님은 이스라엘에게 아무 말씀도 주지 않으셨어요.

그러나 이스라엘의 계속되는 반역 가운데서도 모든 사람을 구원하시려는 하나님의 사랑과 계획은 변함없이 계속 이어졌어요. 하나님은 여러 선지자를 통해 위대한 왕을 보내기로 약속하셨다고 알리셨어요.

그 왕은 모든 사람에게 구원의 빛이 될 것이고, 이 땅에 하나님 나라를 세울 것이라고 하셨어요.

그 왕은 바로 하나님의 아들이신 예수님이에요. 이사야 선지자는 다음과 같이 예수님에 관한 약속을 전해 주었어요.

그는 실로 우리가 받아야 할 고통을 대신 받고, 우리가 겪어야 할 슬픔을 대신 겪었다. 그러나 우리는, 그가 징벌을 받아서 하나님에게 맞으며, 고난을 받는다고 생각하였다. 그러나 그가 찔린 것은 우리의 허물 때문이고, 그가 상처를 받은 것은 우리의 악함 때문이다. 그가 징계를 받음으로써 우리가 평화를 누리고, 그가 매를 맞음으로써 우리의 병이 나았다. 우리는 모두 양처럼 길을 잃고, 각기 제 갈길로 흩어졌으나, 주님께서 우리 모두의 죄악을 그에게 지우셨다. _ 이사야 53:4~6

이스라엘 백성들이 계속하여 하나님께 반역하고 순종하지 않았던 것처럼, 사람들은 하나님을 떠나 죄악에 빠져서 하나님의 심판을 받을 수밖에 없었어요.

그러나 하나님은 예수님을 이 땅에 보내셔서 사람들의 죄를 대신하여 징계를 받게 하시고, 사람들의 죄를 용서해주겠다고 약속하셨어요. 또한 예수님이 이 땅에 오시면, 하나님을 멀리 떠나 흩어졌던 사람들이 자신의 잘못을 뉘우치고 하나님에게로 돌아오게 될 것이라고 하셨어요. 그들은 예수님으로 인해 죄를 용서받고 하나님의 자녀가 되어 영원한 생명과 풍성한 삶을 누릴 거예요.

왕이신 예수님이 세우시는 하나님 나라

다른 선지자 예레미야는 예수님이 왕으로 이 땅에 오셔서 하나님 나라를 세우실 것이라고 전해주었어요.

> 내가 다윗에게서 의로운 가지가 하나 돋아나게 할 그 날이 오고 있다. 나 주의 말이다. 그는 왕이 되어 슬기롭게 통치하면서, 세상에 공평과 정의를 실현할 것이다.
>
> _ 예레미야 23:5

이스라엘 나라에는 다윗과 같은 훌륭한 왕도 있었지만, 대부분의 왕은 하나님을 무시하고 자신의 힘을 과시하며 백성들을 괴롭혔어요. 이렇게 하나님이 아니라 사람이 왕이 되어 다스리는 나라에는 많은 전쟁이 있었고, 백성들은 고통과 슬픔 속에 살아갔지요.

이것을 안타깝게 여기신 하나님이 이제 위대한 왕이신 예수님을 보내겠다고 약속하신 거예요.

그 왕은 온유하고 겸손하며 이 세상을 공평과 정의로 다스릴 거예요. 그 왕이 세우는 하나님 나라는 더 이상 미움과 다툼이 없는, 사랑과 평화가 가득한 나라예요. 그리고 예수님은 하나님이 아름답게 창조하셨지만 죄로 오염되어 고통받고 있는 이 세상을 다시 아름답고 온전하게 회복시킬 거예요.

이렇게 구약 성경은 예수님이 오실 것이라는 약속과 예수님이 세우시는 하나님 나라를 간절히 소망하는 것으로 마무리되어 있어요.

Q&A

이야기 속에서 답을 찾아보세요.

1. 바벨론 포로 시대에 다니엘과 세 친구들에게 어떤 일이 있었나요? 다니엘 3:17~18

- 신상에 절하라는 바벨론 왕의 명령을 어겨 불타는 화덕과 사자 굴에 던져졌습니다.

* 핵심 포인트: 이스라엘 백성은 포로 생활 중에 잘못을 뉘우치고 하나님 한 분만을 믿는 신앙을 굳게 지켰다는 사실을 알아봅니다. 아울러 하나님이 다니엘과 세 친구를 지켜 주셨듯이 믿음으로 고난 받는 성도들을 지켜 주신다는 것을 살펴봅니다.

불 속에 던져져도, 임금님, 우리를 지키시는 우리 하나님이 우리를 활활 타는 화덕 속에서 구해 주시고, 임금님의 손에서도 구해 주실 것입니다. 비록 그렇게 되지 않더라도, 우리는 임금님의 신들은 섬기지도 않고, 임금님이 세우신 금 신상에게 절을 하지도 않을 것입니다. 굽어살펴 주십시오. _ 다니엘 3:17~18

2. 고향으로 돌아온 이스라엘 백성들이 제일 먼저 한 일은 무엇이었나요? 에스라 3:10

- 하나님에게 예배드리기 위해 성전을 지었습니다.

* 핵심 포인트: 자기 민족을 포기하지 않고 약속대로 고향으로 돌아오게 하신 하나님께 찬양과 예배를 드리는 이스라엘 백성의 모습을 살펴봅니다. 또한 성전과 성벽을 세우는 이스라엘 백성을 보며, 우리도 죄와 탐욕으로 허물어진 세상을 하나님 나라로 재건하는 꿈을 꾸도록 인도합니다.

그 때에 유다와 베냐민 가문의 우두머리들과 제사장들과 레위 사람들과, 하나님께 감동을 받고 예루살렘으로 올라가서 주님의 성전을 지으려고 하는 모든 사람이, 길을 떠날 채비를 하였다. _ 에스라 1:5

이야기를 읽고 곰곰이 생각해 보세요.

3. 이스라엘의 계속되는 반역과 불순종에도 하나님의 구원 계획은 어떻게 이어졌나요? 스가랴 9:9, 이사야 9:6

- 진정한 왕이신 예수님을 이 땅에 보내셔서 세상을 구원하고 하나님 나라를 회복하실 것입니다.

* 핵심 포인트: 이스라엘의 역사를 통해 하나님의 율법을 온전하게 지킬 수 없는 사람들의 뿌리 깊은 죄와 한계를 알게 합니다. 이러한 사람들을 구원하시기 위해 하나님께서는 흠 없는 예수님을 이 땅에 보내셔서 십자가의 죽음으로 용서하셨습니다. 이스라엘과 맺은 언약의 궁극적인 목적은 예수님을 통한 세상의 구원과 하나님 나라의 회복이라는 사실을 알게 하는 질문입니다.

도성 시온아, 크게 기뻐하여라. 도성 예루살렘아, 환성을 올려라. 네 왕이 네게로 오신다. 그는 공의로우신 왕, 구원을 베푸시는 왕이시다. 그는 온순하셔서, 나귀 곧 나귀 새끼인 어린 나귀를 타고 오신다. _ 스가랴 9:9

한 아기가 우리를 위해 태어났다. 우리가 한 아들을 모셨다. 그는 우리의 통치자가 될 것이다. 그의 이름은 '놀라우신 조언자', '전능하신 하나님', '영존하시는 아버지', '평화의 왕'이라고 불릴 것이다. _ 이사야 9:6

4. 구약에서 선지자들이 예언하였던 예수님은 어떤 분인가요? 그리고 예수님은 어떤 일을 할 것이라고 하였나요?

- 왕이신 예수님이 공평과 정의로 세상을 다스리실 것입니다.
- 고난 받는 종으로서 우리의 죄를 대신하여 형벌을 받으실 것입니다.

* 핵심 포인트: 구약의 선지자들이 전해 준 하나님의 약속, 즉 예수님과 그분이 다스리는 나라에 관해 알게 된 사실을 정리하는 질문입니다. 이 질문들을 통해 다음 과정에 소개되는 예수님과 하나님 나라에 대한 밑그림을 그릴 수 있게 합니다.

그 때 그 시각이 되면, 한 의로운 가지를 다윗에게서 돋아나게 할 것이니, 그가 세상에 공평과 정의를 실현할 것이다. _ 예레미야 33:15

그는 실로 우리가 받아야 할 고통을 대신 받고, 우리가 겪어야 할 슬픔을 대신 겪었다. 그러나 우리는, 그가 징벌을 받아서 하나님에게 맞으며, 고난을 받는다고 생각하였다. 그러나 그가 찔린 것은 우리의 허물 때문이고, 그가 상처를 받은 것은 우리의 악함 때문이다. 그가 징계를 받음으로써 우리가 평화를 누리고, 그가 매를 맞음으로써 우리의 병이 나았다. 우리는 모두 양처럼 길을 잃고, 각기 제 갈 길로 흩어졌으나, 주님께서 우리 모두의 죄악을 그에게 지우셨다. _ 이사야 53:4~6

5. 예수님이 이 땅에 오셨을 때 하나님 나라의 백성들은 어떤 모습으로 변화될까요? 그 전 이스라엘의 모습과 어떤 점이 달라질까요? 요한복음 13:34, 마태복음 5:13~16

- 하나님을 왕으로 섬기며 그분의 말씀에 순종할 것입니다.
- 자기 생각과 욕심을 따라 살지 않고 하나님의 뜻대로 살아갈 것입니다.
- 이 세상에 정의와 평화, 사랑을 실천하며 하나님이 지으신 세계를 아름답게 가꾸어갈 것입니다.

* 핵심 포인트: 이 질문을 통해 새롭게 변화될 하나님 나라 백성의 모습을 살펴보고자 하였습니다. 이스라엘 백성은 계속해서 하나님의 구원과 용서, 은혜와 사랑을 경험하지만, 하나님을 떠나 자신의 생각과 욕심을 따라 죄를 지으며 살아갑니다. 사람들이 자기 죄의 문제를 해결할 수 없기에, 하나님께서 예수님을 통하여 믿음과 성령으로 거듭난 하나님 나라의 백성을 부르셨습니다. 그들은 하나님의 왕 되심을 인정하고 하나님의 영광을 찬양하며 말씀대로 순종하는 삶을 살아갈 것입니다. 아울러, 예수님과 함께 이 세상을 사랑과 화평이 가득한 하나님 나라로 회복시킬 것입니다.

그러나 여러분은 택하심을 받은 족속이요, 왕과 같은 제사장들이요, 거룩한 민족이요, 하나님의 소유가 된 백성입니다. 그래서 여러분은 어둠에서 불러내어 자기의 놀라운 빛 가운데로 인도하신 분의 업적을, 여러분이 선포하는 것입니다. _ 베드로전서 2:9

그러나 그 시절이 지난 뒤에, 내가 이스라엘 가문과 언약을 세울 것이니, 나는 나의 율법을 그들의 가슴 속에 넣어 주며, 그들의 마음 판에 새겨 기록하여, 나는 그들의 하나님이 되고,

Q&A

그들은 나의 백성이 될 것이다. 나 주의 말이다. 그 때에는 이웃이나 동포끼리 서로 '너는 주님을 알아라' 하지 않을 것이니, 이것은 작은 사람으로부터 큰 사람에 이르기까지, 그들이 모두 나를 알 것이기 때문이다. 내가 그들의 허물을 용서하고, 그들의 죄를 다시는 기억하지 않겠다. 나 주의 말이다."

_ 예레미야 31:33~34

이제 나는 너희에게 새 계명을 준다. 서로 사랑하여라. 내가 너희를 사랑한 것 같이, 너희도 서로 사랑하여라. _ 요한복음 13:34

"너희는 세상의 소금이다. 소금이 짠 맛을 잃으면, 무엇으로 그 짠 맛을 되찾게 하겠느냐? 짠 맛을 잃은 소금은 아무데도 쓸 데가 없으므로, 바깥에 내버려서 사람들이 짓밟을 뿐이다. 너희는 세상의 빛이다. 산 위에 세운 마을은 숨길 수 없다. 또 사람이 등불을 켜서 말 아래에다 내려놓지 아니하고, 등경 위에다 놓아둔다. 그래야 등불이 집 안에 있는 모든 사람에게 환히 비친다. 이와 같이, 너희 빛을 사람에게 비추어서, 그들이 너희의 착한 행실을 보고, 하늘에 계신 너희 아버지께 영광을 돌리게 하여라." _ 마태복음 5:13~16

성경 놀이

1. 다니엘과 세 친구처럼

① 다니엘과 세 친구 이야기를 역할극으로 표현하는 놀이입니다.
② 선생님이 바벨론 왕이 되어 아이들에게 돈을 보여 주고, 이 돈에 절하지 않으면 화덕에 던지겠다고 위협합니다.
③ 아이들은 돈에 절하지 않겠다고 말하고 화덕에 들어갑니다.
④ 화덕으로 삼을 담요를 준비하여 아이들이 담요 아래로 들어가 숨게 합니다.
⑤ 선생님은 아이들의 다리를 잡고 담요 밖으로 끌어냅니다. 간지럼 태우기도 재미있습니다.
⑥ 이때 학생들은 밖으로 끌려 나가지 않도록 서로 잡아 줍니다. 발로 차서 밖에 있는 사람들이 다치지 않도록 주의합니다.
⑦ 놀이 후에는 어려움 중에서도 하나님이 지켜 주심을 믿고, 서로 붙잡아 주고 도와주는 친구가 되기로 다짐합니다.

2. 믿음의 성벽 쌓기

① 이스라엘 백성이 이방 민족의 위협에도 굴하지 않고 무너진 성벽을 재건한 것과 같이, 술래의 공격을 막아 내고 성벽을 쌓아 완성하는 놀이입니다.
② 아이들은 적의 공격을 막아 내며 젠가(도미노, 카프라, 블록 등)로 성벽을 세워야 합니다.
③ 선생님 또는 아이 한 명을 술래로 정합니다. 술래는 탁구공(또는 종이 뭉치)을 던져서 아이들이 쌓은 성벽을 공격합니다. 단, 정해진 울타리 밖에서만 탁구공을 던져야 합니다.
④ 아이들은 개인당 10개씩 젠가를 가지고, 젠가를 한 개씩 세로로 세웁니다. 술래의 공격으로 젠가가 무너지면 다시 세웁니다. 자신의 젠가를 다 세웠으면 친구를 도와주거나 술래의 공격을 막아 줍니다. 단, 학생들도 울타리 밖을 벗어나 술래와 접촉할 수 없습니다.
⑤ 제한 시간 내에 모든 학생이 젠가를 세우면 승리합니다.
⑥ 놀이 후에는 우리도 믿음의 성벽을 튼튼히 세울 뿐만 아니라, 죄로 훼손되고 오염된 세상을 회복하기로 다짐합니다.

하나님은 예수님을 이 땅에 보내셔서 사람들의 죄를 대신하여 징계를 받게 하시고,
사람들의 죄를 용서해주겠다고 약속하셨어요.
또한 예수님이 이 땅에 오시면, 하나님을 멀리 떠나 흩어졌던 사람들이 자신의 잘못을 뉘우치고
하나님에게로 돌아오게 될 것이라고 하셨어요.
그들은 예수님으로 인해 죄를 용서받고 하나님의 자녀가 되어 영원한 생명과 풍성한 삶을 누릴 거예요.

7과 예수님이 오셨어요

학습 목표

가. 이 세상을 구원하기 위하여 이 땅에 왕으로 오신 예수님을 알 수 있다.

나. 예수님의 가르침과 하신 일을 알고 진정한 왕으로서의 예수님을 느낄 수 있다.

성경 범위 마태복음~요한복음

주요 단어 위대한 사람들, 진정한 왕, 예수님, 복음, 그리스도

초롱이 만화

★ 진행 1: 만화를 살펴보기 전에 먼저 내가 알고 있는 예수님에 관해 이야기를 나눕니다.

"오늘은 7과 '예수님이 오셨어요' 이야기를 살펴볼 거예요. 여러분 모두 한 번쯤 예수님에 관한 이야기를 들어보았을 텐데요. 만화를 읽기 전에 먼저 내가 알고 있는 예수님에 관해 돌아가며 이야기를 나누어 봅시다."

★ 진행 2: 초롱이 이야기를 함께 읽으며 예수님이 하신 일을 소개합니다.

"우리가 알고 있는 예수님에 관해 이야기를 나누어 봤는데요. 성경에는 예수님에 관해 어떻게 기록되어 있을까요? 우선, 예수님은 사람들을 가르치셨어요. 하나님 나라는 어떤 곳인지, 복 있는 사람은 어떤 삶을 사는 사람인지, 청지기로서의 삶은 어떠해야 하는지 등 사람들이 꼭 알아야 할 것들을 가르치셨어요. 그리고 병자들을 고쳐 주셨어요. 눈이 안 보이는 사람, 귀신 들린 사람, 다리가 굳어서 일어나지 못하는 사람들을 고치시고 심지어는 죽어서 장례를 치른 사람들까지 다시 살려 주셨답니다. 기적을 행하기도 하셨어요. 파도가 심한 바다를 잠잠하게 하시거나 다섯 개의 떡과 두 마리의 물고기로 5,000명이 넘는 사람들을 배불리 먹이셨어요. 예수님은 어떻게 이런 엄청난 일을 모두 하실 수 있었을까요? 바로 하나님의 아들이시기 때문이에요. 이런 예수님을 옆에서 줄곧 지켜보았던 제자 베드로는 예수님을 '그리스도'라고 고백했답니다. 오늘 우리는 왕으로 오신 예수님 이야기를 살펴볼 거예요. 이스라엘이 그토록 기다리던 진정한 왕이신 예수님을 만나 봅시다."

성경 이야기 해설

7과 이야기는 예수님이 오신 배경에서 출발합니다. 천지를 창조하신 하나님은 사람을 창조하셔서 교제하길 원하셨습니다. 하지만 아담이 죄를 지어 하나님과 함께할 수 없게 됩니다. 그래서 하나님은 죄로 인해 멸망할 수밖에 없는 사람들을 구원하실 계획을 세우십니다. 아브라함을 통해 이스라엘을 세우시고, 모세와 사사들, 다윗과 왕들을 준비해 주셨지만 기대와 절망의 역사가 반복됩니다. 하나님은 선지자들을 통하여 구원자를 보내 주겠다고 약속하십니다. 이스라엘은 이 약속을 믿고 자신들을 구원할 진정한 왕을 간절히 기다립니다.

예수님은 약속의 말씀에 따라 다윗의 자손인 요셉의 정혼자 마리아를 통해 이 땅에 태어나셨습니다. 예수님은 아버지 요셉을 도와 목수 일을 하시다가 때가 이르러 세례 요한에게 세례를 받고 세상 사람들에게 전하셨습니다. 예수님은 메시아에 대해 기록된 이사야서의 말씀처럼 포로가 된 사람들을 해방하고, 눈먼 사람들이 눈을 뜨게 하고, 억눌린 사람들을 풀어주는 공생애 삶을 시작하셨습니다.

예수님은 구약의 예언대로 이 땅에 오신 진정한 왕이십니다. 7과 이야기를 통해 우리는 예수님의 삶과 가르침을 배우며 진정한 왕이신 예수님을 만나게 될 것입니다.

그의 왕권은 점점 더 커지고 나라의 평화도 끝없이 이어질 것이다. 그가 다윗의 보좌와 왕국 위에 앉아서, 이제부터 영원히, 공평과 정의로 그 나라를 굳게 세울 것이다. 만군의 주님의 열심이 이것을 반드시 이루실 것이다.

_ 이사야 9:7

왕을 기다리는 이스라엘

출애굽을 이끈 모세, 다른 나라의 괴롭힘으로부터 백성을 구한 사사들, 이스라엘을 강한 나라로 이끈 다윗과 솔로몬, 포로귀환과 재건을 이끈 스룹바벨과 느헤미야와 같이 이스라엘이 위기에 빠질 때마다 하나님은 위대한 사람들을 보내주셨어요.

이들은 한순간 이스라엘을 구원하는 듯했으나 근본적인 문제를 해결하지는 못했답니다. 이스라엘은 시간이 흐르면 또다시 죄를 짓고 절망에 빠지기를 반복해야만 했어요. 그 이유는 이들이 진정한 왕이 아니었기 때문이에요. 하지만 하나님은 선지자들을 통하여 이스라엘을 구원할 진정한 왕을 보내주시겠다고 약속하셨답니다.

그가 다윗의 보좌와 왕국 위에 앉아서, 이제부터 영원히, 공평과 정의로 그 나라를 굳게 세울 것이다. _ 이사야 9:7

하나님이 보내실 왕은 다윗의 후손이며, 영원히 공평과 정의로 하나님의 나라를 굳게 세우실 분이랍니다.

왕을주시오

예수님의 탄생

구약의 마지막 선지자 말라기의 예언 이후 400여 년이 지난 어느 날 다윗의 후손 요셉과 약혼한 처녀 마리아에게 천사가 나타났어요. 천사는 그 집에 들어가 마리아에게 "은혜를 받은 자여, 기뻐하여라. 주님께서 너와 함께 하신다."라고 하였어요. 마리아는 이런 인사말이 무슨 뜻인지 몰라 어리둥절하였답니다. 그러자 천사가 말하였어요.

"마리아야, 무서워하지 말아라. 너는 하나님의 은혜를 받았다. 이제 네가 임신하여 아들을 낳을 것이다. 이름을 '예수'라고 불러라. 그는 위대한 인물이 될 것이며 가장 높으신 하나님의 아들이라고 불릴 것이다. 주 하나님께서 그의 조상 다윗의 왕위를 그에게 주실 것이니 그가 영원히 이스라엘을 다스릴 것이며 그의 나라는 끝없이 계속될 것이다."

마리아는 처녀였기에 어떻게 아들을 낳을 수 있을지 몰랐지만, 천사는 성령님과 하나님의 능력으로 이루어질 것이라는 말을 남기고 떠났답니다. 마리아는 임신하였고 아들을 낳았어요.

예수님은 베들레헴이라는 작은 마을에서 태어나셨어요. 예수님이 태어나자 동방의 박사 세 사람이 별을 따라 예수님을 찾아와 예물을 드리며 경배했어요. 예수님의 어릴 때 이야기는 성경에 많이 나오지는 않지만, 예수님은 사람들과 하나님께 사랑받는 지혜로운 아이였다고 합니다.

예수님의 가르침

예수님은 아버지 요셉을 도와 목수 일을 하던 중 세례 요한에게 세례를 받고 하나님 나라를 전하기 시작하셨어요. 예수님은 사람들에게 가장 먼저 자신의 죄를 회개하고 하나님 나라를 준비하라고 가르치셨어요. 예수님이 회당에서 성경을 펴고 이사야의 61장 1~2절을 읽어 주신 적이 있어요. 거기에는 '주님의 영이 내게 내리셨다. 주님께서 내게 기름을 부으셔서, 가난한 사람에게 기쁜 소식을 전하게 하셨다. 주님께서 나를 보내셔서, 포로 된 사람들에게 해방을 선포하고, 눈먼 사람들에게 눈 뜸을 선포하고, 억눌린 사람들을 풀어 주고, 주님의 은혜의 해를 선포하게 하셨다'라고 쓰여 있었답니다. 예수님은 이 성경 말씀 그대로 3년의 삶을 사셨어요. 사람들에게 복음을 전하시고, 진리를 가르치셨으며, 눈이 먼 사람과 중풍 병자를 고치셨고, 죄에 묶여 있던 사람들을 해방하여 주시기도 했답니다.

어느 날 예수님이 제자들과 함께 배를 타고 호수를 건너고 있었어요. 가는 도중 갑자기 큰 폭풍이 휘몰아쳐서 배가 침몰하게 되었습니다. 그런데 예수님이 성난 파도를 꾸짖으시자 폭풍이 그치고 물결이 잔잔해졌어요. 바람과 물도 예수님의 말씀에 순종하였답니다.

예수님의 일행이 호수를 건넜을 때 귀신 들린 사람과 마주치게 되었어요. 그는 오랫동안 옷을 입지도 않았고 집을 뛰쳐나와 공동묘지에서 살았답니다. 그가 예수님을 보자 소리 지르며 예수님 발 앞에 엎드려 "가장 높으신 하나님의 아들 예수님, 내가 당신과 무슨 상관이 있습니까? 제발 나를 괴롭히지 마십시오"하고 외쳤어요. 예수님은 귀신을 내쫓으시고 귀신 들린 사람을 낫게 하셨답니다.

예수님의 삶을 옆에서 지켜본 제자 베드로는 예수님을 살아계신 하나님의 아들 그리스도라고 고백했어요. 하지만 예수님을 하나님이 보내신 진정한 왕으로 생각하는 사람들은 여전히 많지 않았답니다. 예수님은 제자들에게 자신이 예루살렘에 올라가 장로들과 대제사장들과 율법학자들에게 많은 고난을 받고 죽었다가 3일 만에 다시 살아나게 될 것이라고 말씀하셨어요.

Q & A

이야기 속에서 답을 찾아보세요.

1. 다윗과 솔로몬처럼 훌륭한 왕이 이스라엘을 다스렸는데도 이스라엘은 왜 또다시 죄를 짓고 절망에 빠지기를 반복했을까요?

   - 다윗과 솔로몬처럼 훌륭한 왕들도 사람의 뿌리 깊은 죄의 문제를 해결할 수 없었기 때문입니다. 모든 사람은 죄를 범하였고 죄의 대가는 죽음입니다. (로마서 3:23, 6:23)

   * 핵심 포인트: 성경 이야기는 '창조-타락-구속-회복'의 내러티브를 바탕으로 진행됩니다. 이스라엘의 역사는 '타락-회개-회복'이 반복됩니다. 하나님이 반역한 이스라엘을 끊임없이 용서하시고 새로운 지도자를 보내어 회복시키시지만, 이스라엘은 또다시 타락하고 맙니다. 이를 통해 진정한 구속을 이루실 분은 오직 왕이신 예수님밖에 없다는 것을 알려 줍니다.

2. 예수님의 이야기를 잘 읽어 보았나요? 예수님이 하신 일들을 말해 보세요.

   - 복음을 전파하고 제자들을 가르치셨습니다. 아픈 자들을 낫게 하시고, 죄에 묶여 있던 자들을 해방하셨습니다. 폭풍을 잔잔케 하시고, 귀신 들린 자를 낫게 하셨습니다.

   * 핵심 포인트: 우리는 어떤 사람을 잘 알기 위해서 그 사람의 말과 행동을 살펴봅니다. 예수님이 하셨던 일들을 살펴보면 예수님이 누구신지 알 수 있습니다. 예수님이 하셨던 일을 가까이에서 지켜본 베드로는 예수님을 '살아 계신 하나님의 아들 그리스도'라고 고백하였습니다.

이야기를 읽고 곰곰이 생각해 보세요.

3. 예수님이 하신 일을 보며 여러분은 예수님이 누구라고 생각하나요?

   - 예수님은 하나님의 아들 그리스도이십니다.

   * 핵심 포인트: 예수님이 하신 말씀과 행동을 살펴보면 누구라도 "예수님은 하나님의 아들 그리스도입니다"라고 고백할 수밖에 없을 것입니다. 학생들이 직접 자신의 입술로 예수님이 누구신지 고백하는 시간이 되길 바랍니다.

4. 사람들은 예수님이 하신 놀라운 일들을 보면서도 예수님을 하나님이 보내신 왕으로 인정하지 않았습니다. 그 이유는 무엇일까요?

   - 예수님을 믿지 않았기 때문에, 시기와 질투 때문에, 자신이 죄인임을 인정하지 못했기 때문입니다.

   * 핵심 포인트: 인간이 가진 죄성은 하나님을 마음에 두기 싫어합니다. 우리의 마음 속에도 예수님을 왕으로 인정하지 않으려는 마음이 있지는 않은지 살펴보길 바랍니다.

※ 그리스도(Christ): '기름 부음을 받은 자'란 뜻으로 히브리어 '마쉬아흐'(메시야)의 헬라어 음역이다. '기름 부음을 받는다'는 것은 곧 '성직 수여'를 통해 하나님의 것으로 거룩히 구별된다는 의미가 담겨 있다. 구약시대에는 제사장이나 왕, 선지자 등 하나님께 구별된 일꾼들이 기름 부음을 받았다. 따라서 예수님을 가리켜 그리스도, 곧 메시아라 칭하는 것은 예수님이 인간 구원을 위해 선지자요, 왕이며, 제사장으로서 세 가지 직(삼중직)을 모두 부여받은 분이심을 분명하게 보여 준다. (사도행전 10:38, 라이프성경사전)

성경 놀이

1. 겸손 가위바위보

① 가위바위보를 하며 겸손의 마음을 배우는 놀이입니다.
② 두 사람이 만나면 하이파이브를 하고 가위바위보를 합니다.
③ 가위바위보를 이긴 사람은 "져 주셔서 감사합니다"라고 외치고 자세를 점점 낮춥니다.
④ 자세는 총 5단계로 낮아집니다. (1단계: 서기, 2단계: 허리 굽히기, 3단계: 무릎 꿇기, 4단계: 무릎 꿇고 두 손바닥 바닥에 짚기, 5단계: 천사 날갯짓하기)
⑤ 5단계 천사가 되면 선생님에게 와서 가위바위보를 합니다. 선생님을 이기면 선생님이 앉아 있던 의자에 앉고, 선생님은 다른 학생들과 가위바위보를 합니다.
⑥ 천사가 된 학생은 의자에 앉아 있는 학생과 가위바위보를 하고, 이긴 사람이 의자를 차지합니다.
⑦ 놀이 후에는, 겸손하고 온유하신 예수님의 성품을 이야기하며 예수님을 닮아 겸손한 마음을 갖기로 다짐합니다.

2. 반창고 놀이

① '손가락 접어' 놀이를 하며 친구의 얼굴에 반창고를 붙이는 놀이입니다.
② 선생님은 반창고 또는 포스트잇을 준비합니다.
③ 손가락 다섯 개를 펴고 자신에게 해당하는 말이 나오면 손가락 하나를 접습니다. 예를 들어 "안경 쓴 사람 접어" 하면 안경 쓴 사람들만 손가락 하나를 접습니다.
④ 한 사람씩 돌아가며 손가락 접을 사람을 말하고, 다섯 손가락이 다 접힌 사람은 벌칙으로 양옆에 앉은 사람이 얼굴에 반창고를 붙여 줍니다.
⑤ 다음 놀이에서 반창고를 붙인 사람은 그 개수만큼 손가락 수를 더해 참여합니다. 예를 들어 반창고를 두 개 붙인 학생은 손가락 일곱 개로 시작합니다.
⑥ 놀이가 끝난 후에는 각 사람에게 반창고를 붙인 개수만큼 선생님이 초콜릿(개별 포장된 작은 초콜릿)을 나누어 줍니다. 예수님은 이처럼 상처가 많고 아픔이 많은 사람을 치료하시기 위해 이 땅에 오셨음을 이야기합니다.

8과 하나님 나라의 회복이 시작되었어요

학습 목표

가. 예수님의 죽으심이 우리를 구원하기 위한 하나님의 계획임을 알 수 있다.

나. 예수님의 부활을 통해 하나님 나라가 회복되는 소망을 가질 수 있다.

성경 범위 마태복음~요한복음

주요 단어 십자가, 죄, 구원, 부활, 소망, 복음

초롱이 만화

★ 진행 1: 만화를 살펴보기 전에 회복의 의미에 관해 이야기를 나눕니다.

"8과 제목은 '하나님 나라의 회복이 시작되었어요'예요. 우리는 회복이란 말을 언제 사용하지요? 다치거나 아파서 병원에 입원한 사람이 차츰 나아질 때 회복이란 말을 사용하죠. 하나님 나라도 다치거나 아팠던 걸까요?"

★ 진행 2: 초롱이 이야기를 함께 읽으며 우리 죄의 문제를 해결하기 위해 하나님이 하신 일은 무엇인지 살펴보게 합니다.

"여러분은 죄를 지어 본 적이 있나요? 죄라는 말이 조금 무겁게 들릴 수도 있을 것 같아요. 부모님이나 선생님 또는 친구에게 잘못했던 적이 있나요? 선생님은 어렸을 때 부모님 지갑에서 몰래 돈을 꺼내어 오락실에 간 적이 있어요. 처음에는 오락도 하고 맛있는 것도 사 먹어서 기분이 좋았지만, 시간이 갈수록 마음이 무거워졌어요. 왜냐하면 부모님에게 들켜 혼날까 봐 두렵기도 했지만, 더 큰 이유는 마음속 깊은 곳에서 올라오는 고통 때문이었어요. 우리는 보통 이런 마음을 양심의 가책이라고 하는데요. 성경에서는 죄라고 이야기해요. 이런 죄들은 우리의 마음을 누르고 고통스럽게 만들어요. 하지만 더 큰 문제는 죄가 우리와 하나님 사이를 멀어지게 만든다는 거예요.

하나님은 우리를 너무나 사랑하셔서 우리들의 죄를 없애 주실 방법을 계획하셨어요. 그 방법은 바로 예수님을 보내 주시는 거예요. 우리의 죄를 깨끗하게 씻어 주시기 위해 이 세상에 오신 예수님 이야기를 만나러 가 볼까요?"

성경 이야기 해설

8과 이야기에서는 예수님의 죽음과 부활을 중점적으로 이야기합니다. 예수님은 사람들의 모함으로 십자가에 달려 돌아가십니다. 우리는 성경을 통해 그의 죽음이 단순히 사람들에 의해 벌어진 사건이 아닌, 하나님의 놀라운 구원 계획이라는 사실을 알 수 있습니다.

> 그러나 그가 찔린 것은 우리의 허물 때문이고, 그가 상처를 받은 것은 우리의 악함 때문이다. 그가 징계를 받음으로써 우리가 평화를 누리고, 그가 매를 맞음으로써 우리의 병이 나았다. _ 이사야 53:5

하나님은 구약 시대 선지자인 이사야를 통해 예수님의 수난으로 사람이 가진 죄의 문제를 해결하겠다는 계획을 알리셨습니다. 바울은 죄로 인해 사람이 하나님께 다가가지 못했으며 이는 결국 사람에게 영원한 죽음이 될 것이라고 하였습니다. 또한 사람 스스로 이 문제를 해결할 수 없으며 오직 예수님이 주시는 생명만이 문제를 해결할 수 있다고 말하였습니다.

구약 시대 사람들은 자신이 지은 죄를 용서받기 위해서 하나님께 희생제물을 드렸습니다. 양이나 염소를 대신 죽이고 그 피로 죄를 용서받은 것입니다. 예수님의 죽으심은 구약 시대부터 행해지던 하나님의 방식이었습니다. 차이가 있다면 구약 시대 희생제물은 사람들이 직접 구해야 했지만, 이번에는 하나님께서 준비하셨다는 점입니다.

십자가에 달려 돌아가신 예수님은 사흘 만에 부활하셨습니다. 바울은 예수님의 부활을 통해 우리도 부활할 수 있다고 말합니다.

> 주 예수를 살리신 분이 예수와 함께 우리도 살리시고, 여러분과 함께 세워주시리라는 것을 우리는 알고 있습니다. _ 고린도후서 4:14

사람이 죄를 지으면서 훼손된 창조 세계는 예수님의 부활을 통해 다시 회복될 수 있습니다. 예수님은 하나님 나라 회복의 사명을 제자들에게 주셨으며, 제자들의 순종을 통해 우리에게까지 그 복음이 전해지게 되었습니다. 8과 이야기를 통해 예수님의 죽음과 부활이 우리의 구원과 소망이 되었다는 사실을 발견하고, 하나님 나라가 회복되어 가는 꿈을 가질 수 있습니다.

> 그러므로 너희는 가서, 모든 민족을 제자로 삼아서, 아버지와 아들과 성령의 이름으로 세례를 주고, 내가 너희에게 명령한 모든 것을 그들에게 가르쳐 지키게 하여라. 보아라, 내가 세상 끝 날까지 항상 너희와 함께 있을 것이다.
> _ 마태복음 28:19~20

예수님의 죽음과 하나님의 법

예수님을 진정한 왕으로 생각하지 않는 사람들은 예수님이 하나님을 모독한다고 생각했어요. 많은 사람이 예수님을 따르자, 예수님을 시기하기도 했지요. 그들은 예수님을 죽일 계획을 세웠고, 그들의 모함으로 결국 예수님은 십자가에 매달려 돌아가시고 말았어요. 하지만 이 모든 일은 오래전부터 계획된 것이었답니다.

> 그러나 그가 찔린 것은 우리의 허물 때문이고, 그가 상처를 받은 것은 우리의 악함 때문이다. 그가 징계를 받음으로써 우리가 평화를 누리고, 그가 매를 맞음으로써 우리의 병이 나았다. _ 이사야 53:5

예수님이 태어나기 몇백 년 전에 기록된 이사야 말씀이에요. 예수님에 대한 예언의 말씀이지요. 예수님이 찔리고 상처받고 징계를 받을 거라고 예언하고 있잖아요. 세상에 오신 왕, 하나님의 아들 예수님은 왜 십자가에 달려 돌아가셔야 했을까요? 그것은 우리의 죄와 허물 때문이에요.

> 모든 사람이 죄를 범하였습니다. 그래서 사람은 하나님의 영광에 못 미치는 처지에 놓여 있습니다. _ 로마서 3:23
>
> 죄의 삯은 죽음이요, 하나님의 선물은 우리 주 예수그리스도 안에서 누리는 영원한 생명입니다. _ 로마서 6:23
>
> 사람이 한 번 죽는 것은 정해진 일이요, 그 뒤에는 심판이 있습니다. _ 히브리서 9:27

우리는 죄를 지었기 때문에 하나님께 다가가지 못하게 되었어요. 하나님은 죄를 지은 사람과 함께할 수 없는 분이기 때문이에요. 우리는 죄 때문에 죽게 되었고, 죽음 이후에는 심판을 받아야 해요. 이것이 하나님의 법이에요. 하지만 하나님은 우리를 매우 사랑하셨답니다. 죄를 짓고 용서 구하기를 반복하는 이스라엘의 긴 역사를 기억하나요? 하나님은 끊임없이 우리를 구원하기 위해 노력하셨어요. 결국 우리를 위해 자기 아들을 세상에 보내셨고 십자가에 달려 돌아가시게 하셨지요.

> 우리는 모두 양처럼 길을 잃고, 각기 제 갈 길로 흩어졌으나, 주님께서 우리 모두의 죄악을 그에게 지우셨다. _ 이사야 53:6

하나님은 오래전부터 우리를 구원하기 위한 계획을 세우셨어요. 구약시대 사람들이 죄를 용서받기 위해 양이나 염소를 제물로 드린 것처럼, 하나님은 예수님을 희생제물로 삼고 사람들의 죄를 용서하기로 작정하신 것이지요. 이것이 하나님의 사랑입니다. 예수님이 달려 돌아가신 십자가는 하나님이 우리에게 주시는 사랑의 증거예요. 예수님의 피로 우리의 더러운 죄가 깨끗하게 되었지요. 그래서 우리는 십자가 앞에서 우리의 죄를 고백하고 용서받을 수 있는 거예요.

예수님의 부활과 하나님 나라의 회복

죄없이 돌아가신 예수님은 사흘 만에 다시 살아나셨어요. 사람은 한번 죽으면 다시 살아나지 못합니다. 하지만 예수님은 부활하셔서 우리에게 소망을 주셨어요.

주 예수를 살리신 분이 예수와 함께 우리도 살리시고, 여러분과 함께 세워주시리라는 것을 우리는 알고 있습니다.
_ 고린도후서 4:14

우리는 언젠가 죽게 됩니다. 하지만 예수님이 죽음에서 다시 살아나신 것처럼, 우리도 죽음에서 부활하여 하나님 나라에서 다시 살아갈 수 있게 되었어요. 부활하신 예수님을 직접 목격하고 그분의 가르침을 들은 제자들은 예수님이야말로 구약 선지자들이 말한 진정한 왕이라는 사실을 깨닫게 되었답니다.

그 때에는 이리가 어린 양과 함께 살며, 표범이 새끼 염소와 함께 누우며, 송아지와 새끼 사자와 살진 짐승이 함께 풀을 뜯고, 어린아이가 그것들을 이끌고 다닌다. _ 이사야 11:6

아담이 죄를 지으면서, 하나님과 사람의 관계뿐 아니라 하나님과 세상 모든 것과의 관계도 깨지게 되었어요. 하지만 깨져 버렸던 관계가 예수님 덕분에 회복될 수 있었답니다. 이사야 선지자는 하나님과의 관계가 회복된 세상을 이리와 어린 양이 함께 사는 모습으로 그리고 있어요.

하나님 나라는 표범이 어린 염소와 함께 눕고, 송아지와 새끼 사자가 함께 먹는 곳이랍니다. 아담이 하나님을 대신해서 피조물의 이름을 지어주고 다스렸던 것처럼 예수님은 죄를 용서받은 우리에게 하나님 나라를 회복해 나가라는 사명을 주셨어요.

부활하신 지 40일이 지난 뒤 예수님은 하늘로 다시 돌아가셔야 했어요. 돌아가기 전 제자들에게 이 말씀을 남기셨지요.

그러므로 너희는 가서, 모든 민족을 제자로 삼아서, 아버지와 아들과 성령의 이름으로 세례를 주고, 내가 너희에게 명령한 모든 것을 그들에게 가르쳐 지키게 하여라. 보아라, 내가 세상 끝 날까지 항상 너희와 함께 있을 것이다. _ 마태복음 28:19~20

제자들은 예수님의 말씀에 순종했고, 복음은 우리에게까지 전해지게 되었답니다.

Q & A

이야기 속에서 답을 찾아보세요.

1. 이사야 53장 5절 말씀을 다시 한번 읽어 보세요. 예수님이 찔리고 상한 이유는 무엇인가요?

   - 우리의 허물과 악함 때문입니다.

   ※ 핵심 포인트: 이번 8과 질문은 차례대로 답을 하며 언약과 은혜의 개념을 자연스레 익히기 위해 순차적으로 구성하였습니다. 첫 질문은 내가 죄인임을 인정하기 위한 질문입니다. 앞선 과들에서 죄의 본질과 의미를 충분히 학습했다면 이 질문에 답을 잘할 수 있을 것입니다. 이번 질문을 통해서 다시 한번 우리의 죄 때문에 예수님이 십자가에 달리시게 되었다는 사실을 상기합니다.

2. 죄를 지은 인간은 어떻게 되나요?

   - 심판을 받고 죄의 형벌인 사망, 즉 지옥에서 영원히 고통을 받게 됩니다.

   ※ 핵심 포인트: 죄를 지은 인간이 당면한 결과는 죽음입니다. 우리는 모두 죄인이므로 심판을 받고 죄의 형벌인 사망에 이르게 됩니다. 다음의 『웨스트민스터 소요리 문답』 제19문을 통해서 죄를 지은 인간의 비참함을 알려 줄 수 있습니다.

   문 19: 타락한 인간의 비참은 무엇입니까?

   답: 모든 인류는 타락으로 하나님과의 교제를 잃었고, 하나님의 진노와 저주 아래 빠졌으며, 그 결과 이 세상에서 비참하게 살다가 죽고, 지옥에서 영원히 고통을 받게 되었습니다.

3. 구약시대에는 죄를 지으면 어떻게 해야 용서받을 수 있었나요?

   - 희생제물을 죽이고 그 피로 제사를 드림으로써 죄를 용서 받을 수 있었습니다.

   ※ 핵심 포인트: 성경은 구약과 신약으로 이루어져 있으며, 모두 하나님과의 약속을 담고 있습니다. 이 질문은 구약의 약속을 상기해 봄으로써 4번 질문과 연결하기 위한 것입니다.

4. 십자가 앞에서 죄를 고백하면 용서받을 수 있는 이유는 무엇인가요?

   - 예수님이 나의 죄를 대신하여 십자가에 달려 돌아가셨기 때문입니다.

   ※ 핵심 포인트: 하나님과 약속을 맺는 방식이 신약시대에 어떻게 달라졌는지 알려 주기 위한 질문입니다. 예수님의 십자가로 인해 우리는 죄 사함을 받을 수 있습니다.

5. 예수님의 부활은 우리에게 어떤 의미가 있나요?

   - 예수님이 죽음을 이기시고 부활하셨던 것처럼 우리도 부활하여 영원한 하나님 나라에 갈 수 있습니다.

   ※ 핵심 포인트: 예수님이 십자가에 달려 돌아가심으로 우리는 죄 사함을 받게 되었습니다. 예수님의 부활은 죄 사함 받은 인간이 하나님과 온전한 화평을 이룰 수 있음을 보여 줍니다. 사망을 이기고 부활하신 예수님을 따라 우리도 영원한 하나님 나라에 들어갈 수 있음을 깨닫게 합니다.

이야기를 읽고 곰곰이 생각해 보세요.

6. 십자가 앞에서 죄를 고백하면 용서받을 수 있습니다. 여러분에게도 용서받고 싶은 죄가 있나요? 있다면 나누어 주세요.

   - 선생님과 학생들이 자유롭게 이야기합니다.

   ※ 핵심 포인트: 일반적인 성경 교리를 이해하는 것도 중요하지만 더욱 중요한 것은 예수님과의 인격적인 만남입니다. 학생들이 죄를 고백하는 시간을 통해 예수님의 용서와 은혜를 깊이 느끼게 합니다.

성경 놀이

1. 나의 죄를 버려요

① 신문지에 내가 지은 죄를 적고 눈 뭉치를 만들어 휴지통에 버리는 놀이입니다.
② 하나님과 사람들을 슬프게 하는 나의 잘못된 행동을 신문지에 적습니다. 다른 친구들이 그 내용을 보지 않도록 주의합니다.
③ 다 적은 후에는 선생님의 시범을 따라 신문지를 동그랗게 구겨서 눈 뭉치를 만듭니다.
④ 선생님은 눈 뭉치를 던져서 넣을 수 있는 바구니(또는 상자)를 농구 골대처럼 설치합니다.
⑤ 한 사람씩 "저의 죄를 회개합니다" 하고 외치며 눈 뭉치를 농구 골대에 넣습니다.
⑥ 가까운 거리에서부터 거리를 멀리하며 골인에 도전합니다.
⑦ 놀이 후에는 예수님이 나의 죄를 대신하여 십자가에서 돌아가셨기에, 자신의 죄를 고백하고 회개하면 깨끗이 용서받는다는 사실을 이야기합니다.

2. 사탄을 혼내 줘요

① 최근에 착한 일을 한 학생이 있으면 발표하게 하고, 그 학생은 작은 예수님이 되어 복음 뿅망치를 듭니다.
② 작은 예수님 외에 다른 학생들은 사탄이 되고 자신의 이름이 무엇인지 크게 외칩니다. 예를 들어 "나는 전쟁이라는 이름의 사탄이다. 우헤헤" 하고 외치며 놀리는 표정을 짓습니다.
③ 시작 신호에 따라 작은 예수님은 복음 뿅망치를 들고 사탄을 잡으러 다닙니다. 뿅망치는 친구들이 다치지 않게 살짝 터치하도록 합니다.
④ 모든 사람은 반드시 발바닥을 바닥에 붙이고 다녀야 하며 절대로 뛸 수 없습니다. 단, 예수님은 선생님이 "성령 충만!"이라는 신호를 보낼 때만 10초 동안 뛰어다닐 수 있습니다.
⑤ 복음 뿅망치에 맞은 사탄은 천사가 되어 그 자리에 궁둥이를 붙이고 앉습니다. 제자리에서 다른 곳으로 이동하지 못하며 다른 사탄들을 터치할 수 있습니다. 천사에게 터치된 사람도 천사가 되어 제자리에 앉습니다.
⑥ 정해진 시간이 지나면 다른 학생을 작은 예수님으로 뽑아서 놀이를 다시 시작합니다.
⑦ 놀이 후에는 예수님이 사탄과 죄를 멸하시기 위해 이 땅에 오신 왕이라는 사실을 이야기합니다.

9과 하나님 나라가 완성될 거예요

학습 목표

가. 교회가 성령의 임재와 함께 나타난 하나님 나라의 발현임을 알 수 있다.

나. 복음이 공간과 시간을 지나 계속해서 전파되고 있음을 알 수 있다.

다. 예수님이 다시 오실 때, 하나님 나라가 완성될 것임을 알 수 있다.

성경 범위 사도행전 2, 8, 9장, 요한계시록 21~22장, 고린도전서 15장 9, 10절

주요 단어 성령, 교회, 하나님 나라, 바울(사울), 복음 전파, 다시 오심, 기다림

초롱이 만화

★ 진행 1: 선생님이 만화 2~5컷을 가리고 1컷과 6컷만 보여 주며 사울에게 일어난 일을 상상하게 합니다.

"사울은 예수를 믿는 사람들을 잡아서 감옥에 가두는 사람이었어요. 그런데 갑자기 예수님을 전하는 사람이 되었어요. 사울에게 무슨 일이 있었던 것일까요?"

★ 진행 2: 선생님이 사도행전 9장 1~31절 이야기를 읽어 주거나 아이들과 함께 읽은 다음 여러 질문을 하여 아이들이 사울의 입장에서 생각하게 합니다.

- "사울은 식음을 전폐하고 있었습니다. 왜 그랬을까요?"
- "아나니아를 만나기 전에 사울은 무슨 기도를 하고 있었을까요?"
- "세례를 받은 사울은 무슨 생각을 했을까요?"
- "여러분의 생각을 자유롭게 나눠 주세요."

성경 이야기 해설

9과에서는 교회의 시작과 하나님 나라의 회복을 살펴보며 완성될 하나님 나라에 관한 소망을 가져보기를 바랍니다.

우리와 같은 제자들을 통해 하나님 나라가 본격적으로 완성되어 가는 일은 성령의 임재라는 사건에서 시작되었습니다. 그리고 그것은 교회라는 공동체를 탄생시켰습니다. 교회는 예수님으로부터 시작된 하나님 나라가 어떤 곳인지를 맛보아 알게 하는 공간이었습니다. 복음을 믿은 사람들의 삶이 어떻게 달라졌는지, 세상은 그들을 어떻게 보았는지를 살펴보며 교회 본연의 모습과 교회 공동체에 속할 필요성을 깨닫도록 합니다.

예수님과의 만남으로 획기적인 삶의 전환을 경험한 바울의 이야기(사도행전 9장)를 아이들과 직접 읽어 보기를 권합니다. 초롱이 만화 활용에 제시한 질문을 이 부분에서 활용해도 좋습니다. 하나님은 누구든(심지어 그분을 대적하는 사람까지도) 택하시고 구원하여 복된 삶을 살게 하시는 분임과, 그런 수많은 사람을 통해 복음이 시간과 공간을 지나 우리에게까지 전해지게 된 하나님의 섭리를 강조합니다.

예수님의 오심과 함께 시작된 하나님 나라가 예수님의 다시 오심과 함께 반드시 완성될 것임을 믿고 그것을 신실하게 기다리는 것이 기독교 신앙입니다. 믿음을 가진 이들에게 마지막 때는 공포의 순간이 아니라 평생에 걸쳐 고대할 만큼 절정의 순간임을 가르칩니다. 그때를 바라고 기다리며 삶의 고난을 견뎌 낸 많은 사람의 이야기를 들려주는 것도 좋습니다.

교회의 시작

부활하신 예수님이 하늘로 올라가시기 전, 제자들에게 당부하셨습니다.

너희는 예루살렘을 떠나지 말고, 내게서 들은 아버지의 약속을 기다려라. 요한은 물로 세례를 주었으나, 너희는 여러 날이 되지 않아서 성령으로 세례를 받을 것이다. _ **사도행전 1:4~5**

제자들은 이 말씀에 따라 한곳에 모여 있었어요. 그러던 어느 날, 갑자기 세찬 바람이 부는 듯한 소리가 하늘에서 나더니 온 집안을 가득 채웠습니다. 뒤이어 솟아오르는 듯한 불길이 나타나 여러 갈래로 갈라지더니 모여 있던 사람들 위에 내려앉았답니다. 예수님이 약속하신 성령님이 오신 것이었어요!

성령님은 먼저 제자들이 각각 다른 민족의 말을 하게 하셨습니다. 신기하지요? 다른 언어를 배운 적도 없는데 갑자기 말할 수 있게 되었으니까요. 그것은 하나님이 세상 모든 민족에게 예수님이 전해지기를 바라셨기 때문이에요. 실제로 성령을 받은 사람들은 복음을 전했고 때로는 한 번에 수천 명씩 예수님을 믿게 되기도 했답니다.

예수님을 믿게 된 사람들은 함께 지내면서 내 것, 네 것 따지지 않고 모든 것을 함께 나누어 쓰고 음식을 함께 먹었어요. 또 성전에 열심히 모이면서 모든 사람에게 칭찬받을만한 생활을 했어요. 이것이 바로 교회의 시작이랍니다.

온 세상에 알려진 하나님 나라

처음에 교회는 예루살렘에만 머물러 있었습니다. 온 세상에 복음이 전해지기를 바라셨던 하나님은 하나님 나라의 확장을 위해 의외의 인물을 선택하셨지요.

큰 도시 다마스쿠스로 가는 길, 사울이라는 청년은 마음이 급했어요. 어서 가서 예수님을 믿는 사람들을 모조리 잡아들일 생각이었거든요. 사울은 예수님이 하나님의 아들이 아니라고 생각했고, 그런 예수님을 믿는 사람들도 그릇된 믿음을 가진 사람들이라 여겼답니다.

도시에 거의 다다랐을 때, 갑자기 하늘로부터 환한 빛이 사울을 비쳤어요. 사울은 땅에 납작 엎어져 꼼짝도 하지 못했지요.

"나는 네가 핍박하는 예수다. 일어나서 성안으로 들어가거라. 네가 해야 할 일을 일러줄 사람이 있을 것이다."

예수님의 목소리가 사울에게 들렸어요. 예수님이 정말 하나님의 아들이라는 사실을 알게 된 사울은 완전히 다른 사람이 되었지요. 시간이 지나 그는 '바울'이라 불리기 시작했고 일생 동안 그 누구보다도 열심히 복음을 전했어요. 바울은 특히 이미 하나님을 알고 있던 이스라엘 민족이 아니라 하나님을 모른 채 다른 신을 섬기던 민족들에게 예수님을 전했어요.

바울과 같은 예수님의 제자들을 통해 복음은 여러 민족에게 전해졌답니다. 오랜 세월 산을 넘고 바다를 건너 마침내 우리에게도 왔지요. 하나님 나라가 온 세상에 전파된 거예요.

완성될 하나님 나라

복음이 수많은 고난을 뚫고 아시아에까지 전해질 무렵, 예수님의 제자였던 요한은 놀라운 환상을 보게 되었어요. 예수님이 보내신 천사가 장차 일어날 여러 일을 요한에게 보여 주었답니다. 요한은 자기가 본 모든 것을 기록하여 요한계시록이라는 책을 만들었어요.

요한계시록의 끝부분에는 완성된 하나님 나라의 찬란한 모습이 등장합니다. 하늘의 하나님께로부터 내려와 모든 것이 새로운 그 도시에는 죽음과 슬픔과 고통이 없을 거라고 해요. 마음껏 마실 수 있는 생명수 강가에는 생명 나무가 있고 여러 민족은 영광과 존귀를 가지고 그곳에 들어올 것이랍니다. 온갖 진귀한 보석들로 건축된 도시의 아름다움은 이루 다 말할 수 없을 정도예요. 그곳은 해와 달이 없어도 환하게 밝은데, 하나님과 예수님이 그 성의 빛이 되어주시기 때문입니다. 이 아름답고 평화로운 나라는 영원할 거라고 해요.

예수님을 믿는 사람은 이 완성된 나라를 반드시 보게 될 것이랍니다. 하늘로 올라가신 예수님이 왕으로서 우리를 다시 찾아오실 때가 바로 그때예요. 요한계시록 마지막에서 예수님은 "내가 곧 가겠다"라고 말씀하셨어요. 예수님이 다시 오시는 그날, 우리가 사는 이 세상의 오랜 역사는 끝이 나겠지요. 하지만 예수님을 믿는 사람들에게 그 끝은 끔찍한 멸망이 아니라 설레는 회복이랍니다.

죄로 파괴되었던 모든 것들을 다시 완전하게, 그것도 아주 새롭게 만들겠다고 예수님이 약속하셨거든요. 예수님과 예수님을 사랑하는 사람들의 이야기는 그 후에도 영원히 이어질 거예요. 지금 이 순간에도 세계 곳곳에는 예수님을 기다리며 믿음으로 살아가는 사람들이 있어요. 불완전한 세상을 살아가며 그들은 언제나 마음속 깊이 외치고 있어요.

"어서 오세요, 주 예수님!"

예수님의
오심
다시 오실
예수님
순종
순종
순종
순종
순종
순종
순종
순종

Q&A

이야기 속에서 답을 찾아보세요.

1. 예수님은 남겨진 제자들에게 누구를 보내주셨나요?

- 성령님을 보내주셨습니다.

* 핵심 포인트: 하나님 나라와 교회 역사는 반드시 성령님에 의해서 이루어짐을 분명히 합니다.

2. 예수님을 만나기 전과 예수님을 만난 후 바울의 삶은 어떻게 다른가요?

- 이전에는 예수님 믿는 사람들을 찾아서 죽이려던 사람이었는데, 나중에는 오히려 그 예수님을 전하는 사람이 되었습니다.

* 핵심 포인트: 예수님과의 만남이 삶에서 매우 중요한 전환점임을 암시하는 질문입니다.

3. 예수님이 다시 오시는 날, 우리와 세상은 어떤 일을 겪게 되나요?

- 죄로 파괴되었던 우리와 세상이 완전하고 새롭게 되며, 모든 것이 회복됩니다.

* 핵심 포인트: 예수님의 다시 오심과 그것이 세상과 우리에게 어떤 의미가 있는지를 의도적으로 인식하게 하려는 질문입니다. (교회 밖 양육 과정에서 생기는 불필요한 오해를 방지하기 위해 '재림'이라는 낱말을 의도적으로 사용하지 않았습니다.)

이야기를 읽고 곰곰이 생각해 보세요.

4. 여러분이 알고 있는 가장 훌륭한 왕은 누구인가요? 그 왕이 다스리던 때에 백성들에게는 어떤 좋은 일들이 있었나요?

- 세종대왕의 예(한글이 우리 민족에게 미친 영향, 문화의 발전 등), 솔로몬의 예(지혜로운 판결로 백성의 억울함을 해소), 하나님께 순종한 이스라엘 왕들의 예(평화와 번영) 등이 있습니다.

* 핵심 포인트: 대부분의 국가가 주권이 군주에게 있는 군주제(君主制)가 아닌 공화제(共和制)*를 실시하는 현대 사회에서 왕 또는 왕에게 통치받는 상황은 막연할 뿐 아니라 거부감을 주기도 합니다. 역사를 통틀어 지혜와 사랑으로 백성을 돌본 왕보다는 그 반대의 왕이 훨씬 많았으니까요. 그래서 의도적으로 '위대한 왕'의 이미지를 끌어와 아이들의 이해를 도울 필요가 있었습니다. 단, 그들에게도 한계가 있었음을 역사 기록을 바탕으로 언급해 주시면 아래 질문에서 완전한 왕이신 예수님과 비교하여 이야기하는 데 도움이 될 수 있습니다.

5. 최고의 왕이신 예수님이 다스릴 하나님 나라는 지금 우리가 사는 이 세상과 어떻게 다를까요? 완벽한 그 나라를 상상하며 다양한 이야기를 나누어 봅시다.

- 의견을 자유롭게 나누되, 4번 질문과 연관될수록 좋습니다.

* 핵심 포인트: 하나님 나라가 구체적으로 어떤 상태일지 아이들의 수준에서 상상해 보도록 하기 위한 질문입니다. 위 질문과 연계하여 우리가 사는 세상에서 일어나는 수많은 문제(기후 위기, 갈등, 전쟁, 빈부격차, 차별 등)가 하나님 나라에서는 어떻게 해소될 것 같은지 이야기해도 좋고, 그저 그 나라의 모습이 어떠했으면 좋겠는지를 이야기해도 좋습니다. 자유롭게 상상하여 말하게 하되 선생님은 그 말들을 가급적 성경적인 관점으로 재해석해 주면 좋겠습니다.
통치(정치)의 문제에 대해 수준 높은 이야기를 꺼내는 아이가 있다면 C. S. 루이스의 '현대 민주주의는 인간의 죄성이 국가에 미치는 영향을 어떻게 하면 잘 제어할 수 있을까에 대한 고민에서 출현한 것'이라는 언급을 참고하시는 것도 좋습니다.

* 주권이 국민에게 있음.

성경 놀이

1. 바울과 아나니아

① 얼굴에 휴지를 두르고 친구의 안내를 받아 미로를 빠져나오는 놀이입니다.
② 두 사람씩 짝을 지어 한 사람은 바울이 되고 다른 사람은 아나니아가 됩니다.
③ 사울은 두루마리 휴지로 자기 얼굴을 가려 앞이 보이지 않게 합니다. 바울이 혼자 하는 것을 힘들어하면 아나니아가 도와줄 수 있습니다.
④ 선생님은 의자, 책상, 삼각콘, 가방 등을 이용하여 출발선부터 도착선까지 장애물을 설치합니다.
⑤ 출발선에서 바울은 아나니아의 말을 듣고 장애물을 통과하여 도착선까지 이동합니다. 아나니아는 바울의 몸에 손을 대지 않고 말로만 인도해야 합니다.
⑥ 도착선에 모두 도착하면 선생님을 따라서 "믿음의 눈을 열어 주셔서 감사합니다!" 하고 외치고 아나니아가 바울의 얼굴에 두른 휴지를 벗겨 줍니다.
⑦ 다음으로 역할을 교대하여 놀이합니다.
⑧ 놀이 후에는 하나님이 바울의 눈을 뜨게 하신 것처럼, 우리에게 믿음의 눈을 열어 주신 것에 감사하는 마음을 고백합니다. 아울러 아나니아가 바울을 위해 기도했듯이 서로를 위해 기도하는 친구들이 되기로 약속합니다.

2. 협동 풍선 튕기기

① 아이들이 협동하여 풍선을 튕기는 놀이입니다.
② 아이들이 손을 잡고 원 모양으로 섭니다.
③ 풍선 하나를 원 안에 넣고 손을 잡은 상태에서 풍선을 공중에 띄웁니다.
④ 선생님이 제시한 미션을 통과하도록 협동하여 풍선을 튕깁니다.
⑤ 풍선이 땅에 떨어지거나, 맞잡은 손이 끊어지거나, 선생님이 정하지 않은 신체 부위를 사용할 시 처음부터 다시 숫자를 셉니다.
⑥ 단계별로 선생님이 미션을 주어 1분 안에 성공하도록 도전합니다.
⑦ 1단계: 손으로만 20개, 2단계: 머리로만 15개, 3단계: 다리로만 15개, 4단계: 풍선 2개 동시에 손으로만 10개.
⑧ 놀이 후에는 하나님 나라를 회복하기 위해 예수님의 제자들인 우리가 서로 사랑하고 한마음으로 협동해야 한다는 것을 강조합니다.

10과 하나님의 자녀로 부르셨어요

학습 목표

가. 하나님 나라는 먼 미래의 일이 아니라 예수님으로부터 이미 시작된 일임을 알 수 있다.
나. 오직 예수 그리스도를 믿고 회개함을 통해서만 하나님 나라를 누릴 수 있음을 알 수 있다.
다. 하나님 나라를 장소의 개념이 아닌 통치의 개념으로 이해할 수 있다.
라. 믿음을 가진 사람은 하나님의 뜻대로 세상을 다스리는(돌보는) 소명이 있음을 알 수 있다.

성경 범위 이사야 53장 6절, 로마서 8장 18~23절

주요 단어 하나님 나라, 회개, 선물(은혜), 세상, 소명, 하나님의 자녀, 특권

초롱이 만화

★ 진행 1: 초롱이 만화를 보기 전 죽음 이후의 세계에 관해 이야기를 나누게 합니다.

"사람이 죽어서 가는 세상이 있고 그곳에 좋은 곳과 나쁜 곳이 있다면, 그곳에는 각각 어떤 사람들이 가게 될까요?"

"하나님께 착한 사람이라고 인정받으려면 과연 얼마나 착해야 하는 걸까요?"(마 5:21~48)

★ 진행 2: 초롱이 만화를 살펴보며 하나님이 나에게 주신 선물은 무엇인지 이야기하게 합니다.

"하나님이 우리에게 주시려고 하는 최고의 선물은 무엇일까요? 그것은 바로 하나님의 자녀가 되는 것이에요. 성경에서 예수님을 영접하는 사람들은 모두 하나님의 자녀가 되는 놀라운 선물을 받는다고 해요. 예수님은 지금 이 선물을 주기 위해 우리 마음의 문을 똑똑똑 두드리고 있어요. (요한계시록 3:20) 우리가 마음의 문을 열고 예수님을 나의 왕으로 맞아들이면 그 선물을 받게 되는 것이지요. 오늘 새생명 이야기의 마지막 이야기를 통해 하나님이 준비하신 선물을 발견하고, 그 선물이 우리 친구들의 것이 되기를 바라요."

성경 이야기 해설

10과에서는 예수님을 자신 안에 모시는 것(영접)은 어떻게 하는 것인지, 또 그것이 개인과 세상에 어떤 의미가 있는지를 정리하고 학생들이 선택하여 말하는 시간을 갖습니다.

타 종교나 세상의 설명과는 전혀 다르게, 구원을 얻는 유일한 길은 예수님뿐임을 확고히 제시할 필요가 있습니다. 또한 회개하여 예수님을 모신 사람은 나중에 죽어서가 아닌 바로 지금 이 순간부터 하나님 나라를 살기 시작하는 것임을, 그런 삶을 살 수 있음을 강조합니다.

죄와 회개에 관한 이해가 학생들에게 다소 어려울 수도 있습니다. 본문 뒤에 이어지는 질문과 답, 선생님의 묵상을 통해 이 문제에 대한 설명을 잘 풀어주세요.

그간 익숙하게 들어왔던 구원 이야기는 주로 구원의 내세적, 개인적 의미에 집중되어 있었습니다. 그러나 성경에 나타난 구원의 더욱 풍성한 의미-현세적, 관계적 의미-를 함께 조명해야 할 필요성이 제기되었습니다. 이는 이 땅에서부터 하나님 나라의 삶을 누리며 하나님의 청지기로서 창조 세계를 다스리는 인간 본연의 역할을 회복하는 것을 의미합니다. 개인 또는 공동체가 신실하게 소명을 따를 때 자연스럽게 나타나는 회복의 모습은 여러 영역에서 매우 다양한 모습, 다양한 수준으로 나타날 수 있을 것입니다. 그러한 삶들이 하나님 나라를 바르게 드러내는 것인지를 잘 분별하되 좌로나 우로나 치우치지 않기를 바랍니다.

복음을 받아들이게 되는 과정은 사람마다 무척 다양합니다. 선생님 본인이나 주변 그리스도인들이 예수님을 믿게 된 다양한 사례를 이야기해 주시면 좋겠습니다. 예수님을 자기 안에 모시게 되는 과정은 사람마다 매우 다양하므로 영접과 구원으로의 초대에 관한 이 교재의 서술을 반드시 따르지 않아도 됩니다. 선생님이 더 익숙하거나 바람직하게 여기는 방법대로 하시는 것도 무방합니다.

다만 한 가지, 구원이 선물과 같은 것(은혜)임을 분명히 가르쳐 주세요. (로마서 5:8) 우리는 그럴 만한 자격이 있거나 우리가 하나님을 선택해서 구원받은 것이 아니라, 오로지 하나님의 조건 없는, 주권적인 선택으로 구원받았습니다.

하나님 나라에 들어갈 사람? 들어간 사람!

완벽한 하나님 나라! 그러나 그곳에 아무나 들어갈 수 있는 것은 아니랍니다. 과연 어떻게 해야 그 나라의 사람이 될 수 있을까요? 예수님은 이렇게 말씀하셨어요.

> 내가 곧 길이요 진리요 생명이다. 나로 말미암지 않고서는 아무도 아버지께로 올 사람이 없다. _ 요한복음 14:6

예수님만이 그 나라에 들어갈 유일한 길이라는 이 말씀에, 많은 사람은 머리를 갸우뚱할지도 모릅니다. 착한 일을 열심히 하는 것이 죽어서 '좋은 곳'에 가는 방법이라 믿는 사람들이 많거든요. 그러나 사람들의 생각과 달리 예수님은 착한 일과는 별 상관이 없어 보이는 죄수를 받아들이셨고 사람들 사이에 평판이 좋지 않았던 삭개오라는 사람도 구원하셨어요. 예수님은 대체 왜 그러신 걸까요?

> 때가 찼다. 하나님 나라가 가까이 왔다. 회개하여라. 복음을 믿어라. _ 마가복음 1:15

예수님은 말씀을 처음 전했을 때부터 사람들에게 회개하라고 가르치셨어요. 회개한 사람만이 하나님 나라에 들어갈 수 있기 때문이지요. 죄수와 삭개오는 회개했기 때문에 하나님 나라의 사람이 될 수 있었답니다.

성경은 우리가 모두 죄인이라는 사실을 알려주고 있어요. 성경에서 말하는 죄는 단지 나쁜 마음을 먹거나 나쁜 행동을 하는 것만이 아니랍니다. 죄는 아담과 하와처럼 하나님이 나의 왕이 되는 것을 싫어하는 거예요. 내가 나의 주인이 되고 심지어는 하나님처럼 되려고 하는 것이 바로 죄입니다. 우리가 세상에서 보고 듣는 온갖 나쁜 행동은 다 이런 마음으로부터 나오는 것들이지요.

회개한 사람은 이와 반대로 삽니다. 그는 하나님을 내 왕, 내 주인이라 굳게 믿어요. 그래서 자기 마음대로가 아니라 하나님의 뜻대로 살고, 매 순간 하나님을 기쁘게 해드리려 노력하지요. 왕의 다스림을 받는 곳은 어느 곳이든 그 왕의 나라인 것과 같이, 하나님의 다스림을 받는 사람은 이미 하나님 나라에 들어와 사는 것이랍니다. 영원히 있을 나라에 바로 지금부터 살기 시작하는 특권을 누리고 있는 것이지요!

주님….
보고싶었어요.
기다렸단다.

하나님 나라를 완성해가는 사람

회개는 하나님과 사람의 관계를 회복시켜 줍니다. 하나님이 사람을 창조하시며 품었던 아름다운 계획이 실현되게 해 주지요.

> 우리가 우리의 형상을 따라서 우리의 모양대로 사람을 만들자. 그리고 그가 바다의 고기와 공중의 새와 땅 위에 사는 온갖 들짐승과 땅 위를 기어다니는 모든 길짐승을 다스리게 하자. _ 창세기 1:26

하나님의 계획은 사람을 하나님의 형상대로 만들어 세상을 다스리게 하려는 것이었습니다. 그러나 죄로 인해 하나님의 형상이 깨어졌고 타락한 사람들이 세상을 잘못 다스려 온 세상은 고통을 당하게 되었지요. 성경에는 피조물이 고통 속에 신음하면서 하나님의 자녀들이 나타나기를 간절히 기다린다고 가르치고 있어요.

예수님을 믿어 하나님의 형상이 회복된 사람이야말로 하나님 마음에 맞게 세상을 다스릴 수 있는 하나님의 자녀랍니다. 끊임없이 생명을 파괴하고 괴롭히는 사람들과 달리, 하나님의 자녀는 하나님이 온 세상을 돌보시듯 모든 생명을 돌보며 살아가지요. 그래서 한 사람이 예수님을 믿게 되는 것은 그 자신에게뿐만 아니라 세상에게도 중요한 문제랍니다.

하나님의 선물

죄 때문에 영원히 죽는 벌에서 풀려나 예수님을 믿고 영원히 사는 기회를 선물로 받는 것을 구원이라고 합니다. 구원은 그 어떤 착한 일이나 엄청난 노력으로도 얻어낼 수가 없어요. 이것은 다른 종교와는 다른 기독교의 독특한 가르침이랍니다. 하나님은 구원을 위해 단 하나의 길, '십자가'를 열어두셨어요. 예수님의 죽음과 부활을 믿는 믿음을 통해서만 사람들이 구원을 얻도록 정하신 것이지요.

여러분이 할 수 있는 일은 이 선물을 받을 것인지 아니면 거절할 것인지를 결정하는 거예요. 아직 죄가 무엇인지도 잘 모르고 예수님도 잘 모르지만, 지금까지 우리가 나눈 이야기를 믿고 앞으로 예수님과 함께 살아가기를 원한다면, 감사하는 마음으로 이 선물을 받으면 됩니다.

그 순간 여러분은 하나님 나라 사람이라는 자격을 얻고 그 나라 사람으로 살기 시작하는 거예요. 여러분의 왕이고 주인이신 예수님의 손에 이끌려 살게 되는 것이지요.

아직 이 선물을 받기가 망설여진다면요? 너무 걱정하지는 마세요. 예수님을 맞이할 때까지 오래 고민하는 경우도 있거든요. 예수님을 믿고 그분을 따라 살아가는 것이 결코 쉬운 일은 아니니 충분히 생각해 보고 결정하는 것이 좋습니다. 그러나 꼭 기억하세요. 선택의 시간이 무한히 주어져 있지는 않답니다.

그를 맞아들인 사람들, 곧 그 이름을 믿는 사람들에게는, 하나님의 자녀가 되는 특권을 주셨다. _ **요한복음 1:12**

MY ROOM
LOVE

Q&A

이야기 속에서 답을 찾아보세요.

1. 성경이 알려주는 죄의 뿌리는 무엇인가요?

- 하나님이 나의 왕이 되는 것을 싫어하고, 내가 나의 주인이 되려는 마음, 내가 하나님처럼 되려는 마음입니다.

＊ 핵심 포인트: 겉으로 드러난 '나쁜 행동'만 죄로 인정하는 현대사회의 문화에서 벗어나도록 돕는 질문입니다. 아이들의 경우, 드러난 행동뿐 아니라 드러나지 않거나 행동으로 연결되지 않은 나쁜 생각과 마음도 죄라는 것 정도만 이해해도 괜찮습니다. (마태복음 5:21~48 참조)

2. 회개란 무엇인가요?

- 하나님을 나의 왕, 나의 주인으로 모시고 그분께 다스림을 받는 것입니다.

＊ 핵심 포인트: 메시지를 선명하게 전달하기 위해 위 1번과 상반되는 질문을 넣었습니다. 회개에 대한 설명을 덧붙여 주셔도 좋습니다.

3. 예수님을 마음에 모신 사람은 어떤 일을 할 수 있게 되나요?

- 하나님의 마음에 맞게 자신과 세상을 다스릴(돌볼) 수 있게 됩니다. (사도행전 13:22)

＊ 핵심 포인트: 소명과 관련된 이야기로, 일차적인 소명(하나님과의 회복된 관계)과 이차적인 소명(창조 세계와의 회복된 관계, 특정 영역으로의 부르심)을 모두 포함합니다. 학생들의 장래 희망을 묻고 그 일을 통해 세상을 어떻게 돌볼 수 있을지를 학생들 수준에서 생각하여 이야기하게 하는 것도 좋습니다.

4. 구원을 얻기 위해 내가 할 수 있는 유일한 일은 무엇인가요?

- 예수님의 죽음과 부활을 믿는 것, 그것이 나와 관련된, 나를 위한 일임을 믿는 것입니다.

＊ 핵심 포인트: 예수 그리스도만이 유일한 구원의 길임을 명확하고 단호하게 인식하게 하려는 질문입니다. 아이들이 자칫 구원을 얻기 위해서는 사람의 일말의 행동이 필요한 것처럼 인식하지 않도록 주의해 주세요. 오해를 방지하기 위해 '사람이 구원을 얻는 유일한 길은 무엇인가요?'로 질문을 변경하여 활용하시는 것도 좋습니다.

이야기를 읽고 곰곰이 생각해 보세요.

5. 예수님을 믿는다는 것은 예수님을 내 삶의 주인, 나의 왕으로 모시고 따르는 것입니다. 이것은 매우 기쁘고 흥미진진한 한 편, 고난이 따르는 일이기도 하지요. 우리가 예수님을 믿는다면 과연 어떤 일들을 경험하게 될까요? 여러분의 선생님처럼 이미 믿음을 가지고 예수님을 따르는 사람들의 이야기를 들어보세요.

- 선생님과 여러 신앙 선진의 이야기를 들려줍니다.

＊ 핵심 포인트: 선생님이 신앙을 갖게 된 이야기 또는 신앙이 선생님의 삶에 미친 이야기를 해 주세요. 필요한 경우, 보통 사람들의 삶의 영역에서 믿음으로 살아 낸 신앙인들의 이야기를 해 주셔도 좋습니다.

6. 여러분은 하나님의 선물을 받을 준비가 되었나요? 자신의 결정을 이야기하고 함께 기도해 봅시다.

- 학생들이 자유롭게 이야기하게 합니다.

＊ 핵심 포인트: 아이들이 마음의 문을 열고 예수님을 맞이하는 과정입니다. 사복음서에 복음 전도가 잔치로의 초대로 묘사되어 있음을 기억하고, '이 복된 삶을 함께 살면 좋겠다'는 기대와 기쁨의 초대를 해 주시기 바랍니다. 단, 이와 동시에 예수님을 믿지 않은 이들에 대한 심판이 있음(요한계시록 21:8)과 하나님은 마음의 중심을 보시는 분임을 꼭 일러 주세요. (예: 내 마음대로 살다가 죽기 직전에 믿으면 되지 않느냐고 하는 경우)

성경 놀이

1. 말씀의 씨앗을 지켜요

① 두 팀으로 나누어 상대방의 꼬리를 빼앗는 놀이입니다.
② 학생들을 두 팀으로 나누고 신문지 꼬리를 팀별로 10개씩 나눠 줍니다.
③ 신문지 꼬리는 신문지 한 장을 세로로 길게 하여 세 번 접어 만듭니다.
④ 학생들은 한 개의 꼬리를 바지 또는 주머니에 고정합니다. 팀원들이 서로 도와줍니다.
⑤ 팀별로 베이스를 정해 줍니다. 베이스에서는 서로 터치할 수 없되, 10초 이상 머무를 수 없습니다.
⑥ 선생님의 신호에 따라 상대 팀의 꼬리를 빼앗습니다.
⑦ 안전을 위해 몸싸움 및 손 씨름을 할 수 없습니다. 자기 꼬리를 잡고 있으면 안 됩니다.
⑧ 상대 팀의 꼬리를 빼앗으면 우리 팀 바구니에 보관합니다. 자기 꼬리를 빼앗기면 우리 팀 바구니의 것을 빼서 다시 놀이에 참여합니다.
⑨ 일정 시간이 지난 뒤 팀별로 꼬리 수를 확인하고, 더 많이 모은 팀을 칭찬합니다.
⑩ 놀이 후 하나님 말씀이 씨앗처럼 우리 마음속에 심어졌기에, 이 씨앗을 빼앗기지 않고 잘 가꾸는 우리가 되기로 다짐합니다.

2. 천국은 어떤 맛일까?

① 선생님이 섞어 놓은 여러 과자와 음료수를 맛보며 이름을 맞추는 놀이입니다.
② 선생님이 미리 여러 과자를 부숴서 섞어 놓습니다.
③ 이 과자를 종이컵에 담아 아이들에게 종이컵 하나씩 나눠 줍니다.
④ 아이들은 과자의 맛을 보며 협동하여 과자의 이름을 맞춥니다.
⑤ 아이들이 정답을 모두 맞히면 다음으로 음료수 맞추기 놀이로 넘어갑니다.
⑥ 음료수도 미리 여러 가지 맛을 섞어 놓은 다음 학생들에게 한 컵씩 나눠 줍니다.
⑦ 이번에도 학생들이 협동하여 음료수의 이름을 맞힙니다.
⑧ 놀이 후에는 우리도 맛있는 과자와 음료수처럼, 세상의 빛과 소금이 되어 맛있는 세상을 만들어 가자고 다짐합니다.

복사해서 활용하시면 됩니다.

※ 학생용

노아의 방주

초성에 알맞은 동물을 최대 2가지로 적어 주세요.
단, 육지에 사는 다리가 4개인 동물이어야 합니다. (예시 'ㅈ': 쥐, 조랑말, 족제비)

초성	동물		점수	초성	동물		점수
ㄱ				ㅁ			
ㄴ				ㅅ			
ㄷ				ㅇ			

총점 :

※ 학생용

노아의 방주

초성에 알맞은 동물을 최대 2가지로 적어 주세요.
단, 육지에 사는 다리가 4개인 동물이어야 합니다. (예시 'ㅈ': 쥐, 조랑말, 족제비)

초성	동물		점수	초성	동물		점수
ㄱ				ㅁ			
ㄴ				ㅅ			
ㄷ				ㅇ			

총점 :

※ 선생님용

노아의 방주

초성에 알맞은 동물을 최대 2가지로 적어 주세요.
단, 육지에 사는 다리가 4개인 동물이어야 합니다. (예시 'ㅈ': 쥐, 조랑말, 족제비)

초성	동물			점수	초성	동물			점수
	50	30	10			50	30	10	
ㄱ	기린	곰	고양이		ㅁ	미어캣	멧돼지	말	
ㄴ	노루	너구리	낙타		ㅅ	사슴	사자	소	
ㄷ	당나귀	다람쥐	돼지		ㅇ	여우	원숭이	양	

어린이 제자양육 교재

새생명 이야기

양육 해설서

1판 1쇄 인쇄 2023년 7월 13일
1판 1쇄 발행 2023년 8월 1일
저자 김문철 이주헌 이홍우 주종호 호명성
감수 이풍우
그림 김초롱
발행 김선희
편집 강민영
디자인 이명선
제작 김혜정 이광우
경영 지원 이성경
인쇄 한국학술정보(주)
ISBN 979-11-89782-85-6 73230
값 27,000원

템북 TEMBOOK
주소 인천 중구 흰바위로59번길 8, 1036호
전화 032-752-7844
팩스 032-752-7840
홈페이지 tembook.kr
출판등록 2018년 3월 9일 제2018-000006호

※ 본서에 사용한 성경은 대한성서공회의 새번역성경입니다.